仕事で忙しい市民剣士必読

剣道昇段審査対策21講

亀井 徹

試験に合格するには傾向と対策が必要不可欠。
剣道の昇段審査にもそれが求められるが、
亀井徹範士が市民剣士を対象にした講座を開講する。

協力＝荻窪道場

剣道昇段審査対策21講　目次

序に代えて

私が求め続けてきた剣道

芸術性、武術性、競技性。この三つを兼ね備えた剣道を

剣道は何歳からでも始めることができ、何歳になっても続けることができます。剣道を始めて60年が経とうとしていますが、最初に教わった先生が私の剣道のベースになっています。熊本県三角町（現宇城市）の郡浦《こうのうら》小学校で、4年生のときから剣道を始めたのですが、中川道人という二段か三段の先生に基本を教わりました。もう亡くなった方ですが、私の頭の中にも、体にも中川先生に教わった基本が残っているんです。それが今でも一番正しかったと思う基本です。

まず半年間ぐらいは正座して先輩の稽古を見る、その合間に廊下に出てすり足。やがて竹刀の持ち方、構えや姿勢、素振り、前進後退しながらの素振り、左右面……と基本中の基本をその先生から習いました。教わったことを鮮明に覚えているわけではないですが、当時から中川先生が言うことをその通りに実践していましたし、今もその教えを実践している自分がいます。

試合でも私の小学校は県で1位、2位を争うくらい強かった。三角町は天草に渡る手前。田舎ですが、近隣からは何人も有名剣士が生まれています。しかしながら「試合で勝て」とか、「こういう打ちをすれば一本が取れる」という指導はなかったと思います。面、小手、小手面、胴といった基本打ちを繰り返していただけでした。

私は単純にこんなふうに思っていました。この先生しか剣道を教えることはできないんだ、この小学校でしか剣道はできないんだ、この先生の言うことを吸収しない限り自分は強くならないんだ……何故か身も心も真っ白でした。その真っ白な心で身につけた剣道が今に続いているんです。今の自分になるまでに多少の紆余曲折はあったけれど、自分が求める剣道の基本は当時とほとんど変わっていないと思っています。

かといって当時の生徒が、小学校、中学校、高校あたりまで私と同じように実践していたかというと、そうでもないような気がします。なぜ私が当時実践していたかというと、先ほど言ったように、田舎者の中の田舎者で、素直だったんですね、たぶん。素

郡浦小学校６年生のとき、剣道部員と。右列右から４人目、優勝カップを持つのが著者。最後列左端が中川道人

直というと非常にいい言葉ですけれど（笑）。

ところが青海《せいかい》中学校に進むと、中学の先生から「亀井、きれいに勝とうと思うな」と言われました。私は「きれいに勝とうと思うなって、意味が分かりません」と聞き返した記憶があります。中学校の先生は中川先生とまるっきり反対の教えだったと思うのですが、私はたぶんそれをやらなかったんです。一方、当時の三角町の教育長さんも剣道をされていて、その人からは「徹、お前は今の剣道をやれ。そのままやれ」と言われていたのを覚えています。

剣道の基本は一拍子の面打ちです。剣道の動作は、構えて、竹刀を上げて、下ろす、下ろすのと並行して右足も上げ下げする、これだけ。もちろん応用の打ちもありますが、基本は一拍子の面で、それが小手になるか、胴になるか、突きになるかの違いです。今、いろいろな所に指導に行ってもまずそれをやらせます。大人に指導するときも同じです。

ところが今、基本の面打ちをやってください、と言うと、99％といっていいぐらい、ほとんどの人がまず左足を引きつけてから右足を前に出して打ちます。これが今、剣道が乱れている最大のポイントです。年齢に関係なく、そして指導者の方々も例外ではありません。とくに基本打ちのときにそうなっています。

動作の基本は、中段の構えの場合は右手右足前ですので、動作を起こす場合は右足から動くのが当たり前なのです。しかし左足を継ぎ足して動作を起こせば遠くに跳べるものだから、多くの人がそうする。一拍子の打ちではなくなっています。それは応用としてはある技術なのでダメとは言いません。でも基本のときはあくまでも一足です。

なぜ左足を動かさないのがいいのか、若い人に説明するのは難しいですが、私は次のように説明しています。「左足を強くすることにつながり、ひいてはジャンプする力がつきます」。もう一つの説明の仕方があります。「左足を継ぐ動作は、今から私はあなたを打ちますよ、と知らせるようなもので、だから相手にその出ばなを狙われて打突されることにつながりますよ」。

基本打ちでもう一つ気になる点があります。竹刀を振り上げると同時に右足を動かさず、竹刀を下ろすときに右足を上げ下げするという人が多いです。これも「先に振りかぶったら今から打つよと知らせていることになるので、相手は防御しますよね」と説明しています。刺し面のように小さく面打ちをするときは、ほぼ誰でも竹刀と右足の始動が一緒なのですが、基本動作の大きな面打ちをするとそうなってしまう。なぜかというとそれが楽だからです。

「右足の起こりと同時に竹刀を振りかぶる」と私は説明します。「右足始動で、右膝で竹刀の柄頭を上に押し上げるというイメージで」。これが私の指導する基本打ちのポイントです。

こういう指導をしても、癖になっているからか、すぐにできる人はなかなかいません。私が指導している道場や、ジャパンの合宿に参加している選手たちは、私がしつこく言うので、みんな左足が動かなくなってきて、左足のふくらはぎが2、3センチ大きくなった人もいました。

私はこんなふうに、今の剣道が正しくないとか美しくないとか、一拍子の打ちをすべきだと論ずること自体がさみしい気がします。それを剣道をやるなら基本に忠実にやるのが当たり前なのです。それを自分で実践してきたという自負もあります。

でも逆に言えば、当たり前のことを言わなければならないほど今の剣道が乱れているから、今我々が一生懸命直さなければいけないとも思います。

基本をないがしろにすることとは、剣道をやっていないと一緒であるというぐらいに考えてほしいものです。継ぎ足や歩み足、かつぎ技、すり上げる技など応用はあります。でも応用のベースにあるのが基本です。だから基本を中心に考えない剣道、基本を重要視しない剣道は、スタートラインがないと私は思います。

スタートラインがないのに結果を求めている人がたくさんいます。奇をてらう技とか、トリッキーな技を使えば試合に勝ちやすいかもしれません。そうだとしても、あくまで基本ができ上がった上でそういう技を遣うオールラウンドプレイヤーであってほしいですし、本当はそういう技に走ってほしくないと思っています。

でも試合に出たら勝たなければいけない。では、基本に忠実な正しい剣道、美しい剣道をして試合に勝つにはどうすればいいかというと、人の倍稽古をするしかない、きつい稽古をするしかない、それで実力がつき将来につながるというのが私の考え方なんです。

ジャパンの選手たちには、基本を守りながら結果を出して欲しい

全日本選手権に出るような人、日本を代表する選手、あるいはそれ以外の若い選手たちにも、美しく正しい基本に忠実な剣道をしながら、結果も出して欲しいと思っています。

基本に忠実な剣道は美しく、「芸術性」があります。そこに有効打突を競い合う試合に勝つ「競技性」もあわせ持つ。さらにもう一つ、本当に殺されるんじゃないかと相手が感じるような闘争心のある「武術性」もある。この三つを兼ね備えた剣道をしてほしいと思います。そういう人を育てなければいけないと思っています。

そういう選手が全日本選手権や世界大会で優勝することによって、剣道の評価が何十倍も高くなると思うんです。そういう選手を大いに活用することで、剣道人口も増えていくと思います。

結果を出す人たちがみんな基本に忠実であってほしいですが、そうではない人もいます。試合を見ていて、正しい剣道をする人が勝つと「この人が勝ってくれてよかった」と思います。みなさんもたぶん思いは一緒だと思うんです。

「ウワーッ」と観客がどよめく試合、こんな剣道をすれば観客が増えるよなという試合もありますが、逆にこんな剣道をしても観客は感動しないよなという試合もあります。

全日本剣道連盟の強化担当理事を仰せつかっていた時、ジャパンの合宿では、基本に忠実な剣道をずっと指導していました。人から見られたときに「さすがだな」と思われるような、最初から最後までそういう技、そういう所作事、そういう素振りができる選手になって欲しいと思って、結構厳しく言ってきたつもりでいますし、私の思いはみんなわかっていたと思います。当初はそんな小さいことまで言わなくていいのではないかという雰囲気の先生方もいらっしゃいました。でも、何度も何度もしつこく言ってきたら、私の考えを理解してくれる人がコーチ陣や講師の先生方にも増えてきました。選手でも私の目の前でトリッキーな打ちをする人は少なくなりました。これをずっと続け、盟主たる日本の剣道が世界にそれを示して、そしてなおかつ勝つ。そうなって欲しいと思います。

そのためには、先ほど言ったように、稽古を倍やるしかありません。しかし、365日合宿をしているわけではなく、終われば選手は地元に帰るので管理できない。では一番手っ取り早い方法は何かと考えた結果、基礎体力を今の倍つけようということになり、取り組んでいました。今は100メートルを15秒で走っている人を、13秒、12秒で走れるようにする。ジャンプ力もつける。基礎体力を今の20％、30％アップすれば、計算上は勝てるのではないかという考えです。そこには、技術は日本が世界一だという考えがベースにあります。

それに加え、今の若い人たちはみんなよく相手の研究をします。

言わなくてもやりますし、自分のことも研究する。それは素晴らしいと思います。正しく美しく基本に忠実な剣道をして、稽古を倍やって、基礎体力を高め、加えて相手を研究していけば、百戦危うからずだと思っています。

全日本選手権で3回優勝した熊本県警の西村（英久）君にしても、それはもう研究熱心です。一つの技を出すときにこうして打つ、ああして打つという理論的な部分が優れています。

でも、彼が警察に入ってきた当時は私が首席師範だったので、一拍子の面打ちを繰り返しやらせました。そして私が退職する前の年に、彼は全日本選手権で3位になり、私が辞めてから初優勝しました。「なぜオレがいるときに優勝しなかった？」と言って笑ったのですが。彼にとっては熊本県警に入ってからの稽古は、自分のそれまでのやり方とはまるっきり違ったのではないかと思いますが、しかし今からはそれを自分のベースに置いて、将来指導者になるときには必ず実践してほしいと思っています。彼が選手、剣道家として評価されるのはこれからです。

全日本選抜七段選手権優勝
自分に近く相手に遠い間合を意識した

正しく美しい剣道をしながら結果につなげる。それは決して簡単なことではありません。でも私自身はそれを実践し、試合にも勝ちさらに八段審査も一回で合格することをずっと目指してきました。それによって、私の主張していることが間違いないのだと思ってもらえると考えたからです。

結果として全日本チャンピオンにはなれませんでした。七段の大会では何度か勝たせていただきましたが、八段戦でも優勝までは行けなかった。でも、今までやってきた剣道が間違いだったとはこれっぽっちも思っていません。

でも私に足りなかったことは、相手の技などを研究することだったと思います。それをほぼしていませんでした。全日本選手権に出ても、相手の技にとらわれるのではなく、自分の得意技はこれだ、自分のやるべき剣道はこれだと思って戦っていました。当時はまだビデオなどは持っていませんでしたし、次に戦う相手の試合をずっと見ているということもしませんでした。

初めての相手と対するときは自分の剣道を実践する強みというのはあるのですが、力が五分以上の人と戦うときにはやはり研究が必要だと思います。相手の試合を見て、得意な技、不得意な技などを研究しておけばもっと実績が上がったのかなという反省はあります。先ほど言ったように今の若い選手たちはみんな研究熱心ですよね。

話を戻すと、七段選手権に出るようになってからは、やはり結果も出さなければ人は自分の話を聞いてくれない、ととくに強く思うようになりました。

多くの人は、手っ取り早く強くなりたい、あるいはこの人から教えてもらえばすぐ強くなる、すぐ試合に勝てる、ということを求めます。そんなことはありえません。しかし指導者としては、

いまも正しく美しい剣道をしながら結果につなげることを追究している

そう思わせられるぐらい魅力的な指導者でなければいけない。それにはやっぱり自分も勝たなければいけない。自分の理論が正しいと思ってもらうためには自分で実践しなければダメ。そういうふうに考えて、それを実践してくれる剣道家を増やしたいとも思っています。

また、今私の話を聞きたいと思うのは、たぶん昇段審査に受かりたい人たちでしょう。試合に勝ちたい若い選手たちの心に、どれだけ私の意見がグサッとささるのかというと、疑問に思う部分はあります。どうやって若い人にそう思わせるのかが、今一番悩んでいるところではあります。

私自身、警察に入って3年ぐらいは、結構いい結果が出たんです。しかし途中から負けがこんできました。それは先ほど言ったように自分本位というところもあったし、正しく美しい剣道をすればいい、5分間の中で二、三本打てばいい、というふうなことを考えていたからでしょう。

でも稽古自体は一生懸命やっていました。清水（新二）先生と二人で、九州学院の朝稽古に行き、警察で午前、午後の稽古、夕方は熊本武道館に行って稽古と、1日6時間ぐらいやっていました。

警察官として勝たなければいけない、結果を出さなければいけない自分がいた。しかし自分のやってきた美しい剣道で勝ちたい。変剣になったとか、おかしくなったなとは言われたくない。ではどうすればいいかと考えて、自分で研究したのが「自分に近く相手に遠い問合」をどうやって作るか、ということでした。

それには足を使わなければいけません。一足一刀の間合、相手から届く間合に入って、そこでじっとしていれば簡単に打たれます。入っていかなければ打たれないけど、自分で行っても届かない。ではどうするかと考え、少し足さばきを入れながら打つことを工夫したんです。自分では初めて、勝つためにどうしたらいいのか悩んで、その結果としてやったことでした。そして七段戦で試合の結果も出たんです。

私が七段戦に出ていた当時のビデオをよく見ていただければわかると思いますが、結構足を動かしています。ダンスのようにというか、水鳥が水面下で足を動かすようにというか、つねに足を動かして、ときに左足を前に出したり、動いてちょっと引いて相手が来たらあまして打つといった戦い方をしていました。その結果岩手での七段戦で3連覇できたし、熊本でも2回優勝できました。

そうやって足を使っても、体幹は崩れないし、袴の下の足は見えそうで見えない部分もあるので、私の剣道の評価が落ちるということはなかったかなと思いますが（笑）。

美しい剣道をすることと、素早い足さばきはつながっていると思っています。しかし剣道の醍醐味は、溜めをつくって静から動に転ずることです。構えを崩さず色を出さないで打突を出すことが一番大切だと思います。構えを崩さずに攻め、溜めて溜めて、相手が来たところに出ばなの面を打つ。相打ち、切り落とし、相抜け、ですね。そういう剣道をすれば評価は上がります。

足さばきを必要以上に入れて打つことは、それからははずれるかもしれません。見方によっては我慢できていないということになるかもしれない。そういう意味で自分としては評価しきれない部分もありました。専門家から見ても評価されていなかったかもしれません。だから、他の方々にあの足さばきを教えてほしいと言われましたが、「あなたたちがするべきじゃない」と言って応じませんでした。

でも、そこには稽古量がある程度維持できていたことが根底にありました。七段戦に出る選手はほとんどが40歳過ぎの方々です。多くの相手の竹刀は自分の面の手前で落ちます。みなさん稽古量も落ちていたでしょう。こちらは特練から退いた後も、相変わらず九州学院の朝稽古に通って学生と一緒に打ち込みからやっていましたから、稽古量が落ちていませんでした。それがあったから、足さばきをプラスアルファして勝てたということです。

基本は稽古です、稽古量です。稽古は嘘をつかない。稽古をやらない人は、私からすると認められません。選手はもちろん、指導者もそうです。稽古をやらないで強い人もたまにいると言われますが、私は絶対に認めません。

武術性が欠けていたと気づいて臨んだ京都大会の思い出

私にはこれまで述べたような理想の剣道があったので、京都大会（全日本剣道演武大会）でも、じっと構えて、二本か三本の技に集約してバーンと打つような立合をしていました。しかし京都大会の何カ月か前に、昔の京都大会のビデオを見たんです。それは明治大学時代の師範だった森島（健男）先生と、谷口（安則）先生の立合だったのですが、それを見て感じたのは武術性でした。

芸術性、競技性、武術性の三つのうち、自分には武術性が欠けていたと思いました。剣術の始まりは切り合いですよね。切り合い、突き合いの雰囲気のない剣道って絵に描いた餅ではないか、とふと思ったんです、今まで私が京都大会で行なった立合で、人に感動を与えた立合があったかなと改めて考えると、自分の立合は通り一遍だった、それではいけないと思いました。これまではぼすべて年上の先生と立ち合って来たので、正直に言うと遠慮もあります。先輩の良さも出していただく、その意味でも手数を少なくというような気持ちがありました。

武術性ということを考えながら、２０１９年の京都大会に臨みました。古川（和男）先生とは同い年で仲がいいんです。当日も武道センターで２人でアップして、話をしながら出ていきました。

突きという技が武術性を象徴するものだと思います。立ち上がって「オレが最初に突く雰囲気を見せなければ古川先生も遠慮するだろう」と思って、突きに行きました。そしたら古川先生も「これは行っていいんだな」と思ってスイッチが入ったと思います。私は「突かれてもいい。突けよ」と思っていた。「突いてきてもよけないし、そのかわりオレも行く」という気持ちでした。

竹刀を飛ばしてやろうかという気持ちもあったんですが、そこは古川先生も分かっているからそうならないようにしていた（笑）。

武術性のない剣道は観客に感動を与えられない。みんなが喜ぶ剣道、感動を与えられる剣道は何かと考えて、私が先にしかけた。古川先生も、私の思いを分かって来てくれた。京都大会はそういうことも大事だと思います。立合が終わったら皆さんが拍手してくれました。

昔の先生方はお互いにあまり話もされないし、たぶんあまりみんなが仲良くなかったのではないかなと思います（笑）。それに比べて今は平和なのでしょう。みんな仲がいい。前日や当日一緒に一杯やるような仲間と立合をするわけです。

しかし、今回は同じ年齢で親しい間柄でもあるし、力もほぼ同じぐらいかなと思うので（笑）、遠慮をする必要もない。お互いの気持ちが分かっているし、ある意味でお互いにプロだからこそ、いい部分が出たのではないかなと思っています。

講義1

相手を打てば合格できるという誤解

審査は相手を打てても合格しないことがある

熊本県警察時代も一般愛好家の方々と稽古をする機会はありましたが、退職後、その機会が増えました。試合に挑戦している方もいれば、「稽古後の一杯」を楽しみに稽古を続けている方もいますが、昇段審査を大きな目標としている方が大多数を占めていると思います。

全日本剣道連盟は「称号・段級位審査規則」第15条「付与基準」を別表のように定めています。初段から三段までは「基本」、四段、五段は「基本と応用」、六段、七段は「精義」、そして八段は「奥義」という言葉で付与基準を示していますが、めざす段位

付与基準

1　初段は、剣道の基本を修習し、技倆良なる者
2　二段は、剣道の基本を修得し、技倆良好なる者
3　三段は、剣道の基本を修錬し、技倆優なる者
4　四段は、剣道の基本と応用を修熟し、技倆優良なる者
5　五段は、剣道の基本と応用に錬熟し、技倆秀なる者
6　六段は、剣道の精義に錬達し、技倆優秀なる者
7　七段は、剣道の精義に熟達し、技倆秀逸なる者
8　八段は、剣道の奥義に通暁、成熟し、技倆円熟なる者

がなにを求めているのか、この付与基準を読み込み、めざすべき方向性を考えることが大切です。

「立合で何本も打ったのに合格できませんでした」

「打たれていないのに相手が合格してしまいました」

審査終了後、受審者の方々から嘆きの感想を聞くことがあります。審査ではとかく「有効打突を出せたか」という、その日の出来栄えで自己判断をしがちです。たしかに審査では有効打突も重要ですが、そこには「受審段位の付与基準を満たした」という前提条件があります。

試合の場合、その日の優勝者を決するので、段位に関係なく、審判が一本と認めた技に旗が上がります。しかし、審査では、その段位にふさわしい剣道をしているかが大きなポイントとなります。いくら打突部位をとらえたとしても、その段位にふさわしい打ち方をしていなければ合格できないのは、そのレベルに達していないからです。とくに目指す段位が上になればなるほど、高いレベルが求められるのは周知の通りです。

昇段審査は同レベルの相手と立合を行ないます。同格相手に対して打ち込むことは容易なことではありませんが、もっといえば〝格の違い〟を見せなければなりません。

〝格の違い〟というととても難しく感じるかもしれませんが、相

手との質の違いを見せることです。本番で質の違いを見せるには、普段の稽古から質を追求してコツコツと続けるしかありません。構えや素振り、切り返しや打ち込みから目標とする段位にふさわしい内容を求めて実践することが大切です。

剣道の教えは矯正法　とらわれすぎると道に迷う

新型コロナウイルス感染拡大の影響で現在、昇段審査は受審者以外、会場に入ることができません。それゆえ、立合を映像に撮ってもらうことができにくい状況となっていますが、コロナ前は立合の映像をもとに、反省、検討することは有効な手段の一つでした。とくに普段、稽古をお願いしている先生方などからの助言は大きな気づきや方向性を示唆してくれたはずです。

ただ、ここで注意しなければならないのは剣道の助言は矯正法ということです。例えば剣道では「左足のひかがみを伸ばしなさい」と教えています。この教えは、左膝が緩み過ぎている人に対しての助言であることは容易に理解できると思いますが、この教えを愚直に実践しようとすると、左足の膝が伸びすぎてしまい、円滑な打ちが出せなくなります。

以下、剣道仲間から寄せられた審査における迷いやすい助言を紹介します。

自分の剣道を見つめ直す意識を持って稽古に臨まないと、上達につながらない

「審査は二、三本打つだけでよい」

六段以上の全国審査では立ち上がり、飛び出していく受審者はほとんどいませんが、四段、五段クラスでは試合感覚が抜けず、立ち上がるとすぐに技を出してしまう受審者がいます。彼らの打ち気をおさえるために、落ち着いて立合をしなさいという意味合いでの助言のはずですが、「二本、もしくは三本しか打ってはいけない」という捉え方になると、打突の機会を見逃してしまうことにもなります。機会と感じたところで捨て切って技を出すことがなによりも大切です。

「審査では引き技は評価されない」

立ち上がり、一本打ちの技が見事に決まれば、当然、その後の立合は有利に進めることができます。しかし、審査は同格が相手ですから、簡単に相手を打つことができません。審査時間内、相手に集中し、「隙あれば打つ」という気持ちで立ち合うことが大切です。

立合では面技が主体になりますが、面を打ったのちに間合が詰まり、そこに打突の隙があれば後方にさばいて打つことは自然なことです。

「引き技は評価されない」という言葉が独り歩きしてしまうと前に出て技を出したのち、安易に間合を切って、仕切り直すようになります。そのような立合には緊張感が薄くなります。評価される引き技もありますので、どのような状況で出す引き技が評価されないのかを考え、理解しておくことが大切です。

「遠間から技を出す」

剣道の稽古は遠い間合から徐々に間合を詰めて打突の機会を見出すことが大事です。遠間から稽古することは大事ですが、そもそも遠間は一足一刀の間合よりも遠い間合です。相手が打ち込んでも届かない間合であり、その場から打てば自分の攻撃も届かない距離ですから「遠間から稽古をする」という教えが、いつの間にか伝言ゲームで「遠間から技を出す」ということに変わってしまったのでしょう。遠間からは技を出すのではなく、遠間から詰めて崩すのです。

審査本番では間合を詰める過程で我慢ができず、届かない間合から技を出して空振りしてしまうことがよくあります。

基本稽古では、自分の姿勢が崩れないもっとも遠い間合から打つことが大切です。打てる間合は年齢や体力により違いますので、その距離感覚を基本稽古で覚えるのです。その教えが、いつの間にか「審査でも遠間から打つべし」に変わってしまったのかもしれません。

「返し胴は打たないほうがよい」

審査では初太刀、ほとんどの受審者が面を狙っています。それゆえ、面を打ってくることにヤマを張り、返し胴を狙っている受審者がいます。

応じ技は、相手の仕かけ技に対して応じながら変化するなかで出す技です。形としては相手が動いたところに応じて打ちますが、ここには「相手を引き出す」という攻め崩しがないと技は成功しません。攻めは相手を不利な状況に追い込む行為とも言えますが、表裏上下の攻めに斜めの攻め（動き）を加えながら打突の機会を見出すようにしています。たとえば面（上）を攻めれば、相手は打たれまいとして手元を上げます。そこに小手（下）を打つ機会が生まれます。また小手（裏）を攻め、打たれまいとして手元を開けば突き（表）の機会が生まれます。

「返し胴は打たない」という教えは、待って打つことを戒めるものであり、技そのものを否定するものではありません。審査員が評価する技であれば、面、小手、胴、突き、どの技を使っても問題はありませんが、実際には自分が使える技は無限にはありません。どの技が通用するのか、普段の稽古で吟味し、自信を持って使える技を増やしていくことが大事です。

あの剣道はむしゃんよか　理想の剣道をイメージする

熊本弁で「むしゃ（武者）んよか」という言葉があります。かっこいいという意味です。「亀井の剣道はむしゃんよか」と、だれもが認める美しくて正しい剣道がしたいと思い、わたしは剣道を続けています。

いわゆる市民剣士といわれる一般剣道愛好家の方々は、わずかな切り返しから地稽古へ移るパターンがほとんどだと推測します。日々の忙しい生活のなかで稽古時間を捻出しているわけですから、剣道を楽しみたいという気持ちは充分に理解できます。打った打たれたはたしかに楽しいものです。しかし、そんな皆さんのほとんどは、日々の稽古の先に昇段審査を見据えていることと思います。そうなれば、少し稽古への考え方を変えなくてはならない、わたしはそう思います。

わたしが指導の際によく言うのは、自分を「見つめる」ことと「見つめ直す」ことの違いです。昨日は相手を打つことができた、今日は相手に打たれたなど、自分を見つめる作業はほとんどの方がされていると思います。しかし、なぜ打たれてしまったのか、自分が打った技は本当に評価に値するものだったのか、見つめ直す意識を持って稽古に臨まないと、上達につながりません。

皆さんに知ってもらいたいのは、繰り返しになりますが、相手を打っても評価されない打ち方があり、相手を打たなくても評価されることがあるということです。理合にかなった剣道を実施するということになりますが、理合にかなった剣道を身につけるためには、良い稽古や試合をたくさん見ることが大切です。あこがれや目標とする剣士がいると思いますが、まずは真似てみることです。直接教えを受ける機会はなくても、映像や書物、雑誌の記事などから構えの雰囲気や素振りの取り組み方などを学ぶことができます。

「成功とは成功するまでやり続けることで、失敗とは成功するまでやり続けないことだ」とパナソニックの創業者松下幸之助先生は名言を残しています。あこがれの剣士が日本一や世界一であっても、〝環境が違う〟とあきらめるのではなく、コツコツと続けることです。あこがれの剣士と同じことはできないかもしれませんが、自分が目標とする剣道に近づくことはできるはずです。

環境を整える努力　客観的な評価が必要不可欠

一般愛好家の方々はどこかの組織に所属して稽古を続けていると思います。その際、ぜひ実施してほしいのが第三者の評価をもらうことです。自分はできていると思ってもできていないことが剣道では沢山ります。大人になると助言をもらえる機会は自分で積極的に作らないとなかなか生まれません。

稽古回数を増やすことはとても大事なことですが、助言をもらう機会を増やすことはもっと大切なことと考えています。間違ったことを繰り返していては上達を望めません。全国審査をめざしている方々は一般的に所属道場では指導的な立場になっていることが多いと思いますので、助言をもらう環境を整えることも、大切な稽古の一環ではないでしょうか。

客観的な評価という観点でもう一つ、すすめているのは自分の稽古を動画で確認することです。立合の映像も大事ですが、素振りや基本打ちを録画することで自分の欠点や修正点が手に取るようにわかるはずです。修正することは容易なことではありませんが、自分の欠点がわかればあとは根気よく修正するだけです。自分のイメージと実際のイメージが乖離していることは当たり前のことですので、落ち込まず、前向きに取り組んでいくことが大切です。

講義2

大人開始組は小さく鋭く打つことも覚える

基本は大きく正確に打つ　審査は小さく鋭く正確に打つ

剣道は何歳からでも始められ、コツコツと稽古を続けることで、年齢を重ねても上達することが可能です。成人してから剣道を始めた方々の竹刀を握られた理由はさまざまですが、本当に熱心に取り組まれています。ただ、熱心に取り組むあまり、ぎこちなさや身体の硬さなどを実感しているのではないでしょうか。

「あらゆる修行の根源はいかに自分が無心になれるか、自然になれるかということ」という教えがあるように、自然、すなわち無駄な力を抜くということは一生かけて求めていくことなのかもしれません。ただし、それには段位に応じた目標がありますので、その目標に向けてなにをすべきかを明確にし、稽古をコツコツと続け、検証・確認・修正を加えていくことで、必ず上達していくことができると思います。

大人から剣道を始めた方々は、所属している道場の先生方から基本の大切さについて指導を受けていると思います。例えば切り返しについては〝大強速軽〟の教えの通り、大きく、強く、速く、軽やかに行なうことが大切であり、わたしはこれに〝確〟すなわち正確というキーワードを加えるようにしています。面打ちや小手打ちなどの基本打ちについても、同じように行なうことが大切

基本は大きく正確に打つこと、応用は小さく鋭く正確に打つことが求められる。剣道らしい動きを身につけたい

です。わたしも、そのように指導していますが、大人開始組の方は、審査でもそのような打ちを出してしまいがちです。

全日本剣道連盟の『称号・段位審査規則』の第15条に「付与基準」が記されています。初段は、剣道の基本を習得し、技倆良なる者。二段は、剣道の基本を修得し、技倆良好なる者。三段は、剣道の基本を修錬し、技倆優なる者。三段までは〝基本〟という文言のみですので、基本を正しく行うことができていれば、比較的苦労することなく、昇段することができたはずです。

しかし、四段になると、剣道の基本と応用を修熟し、技倆優良なる者。さらに五段は、剣道の基本と応用に錬熟し、技倆秀なる者と記されているように〝応用〟という文言が入ります。応用とは、対人動作です。

『剣道指導要領』（全日本剣道連盟発行）の第七章は「応用動作（対人的技能）」が記されています。基本動作から応用動作（対人的技能）への移行の留意点として「気剣体一致の打突指導」「攻め合いの中での打突の指導」「打突の機会をとらえることの指導」「しかけ技に対応した応じ技の指導」などを挙げているように、四段以上は、その段位にふさわしい内容で、これらの項目を審査で表現できなければなりません。

子供の頃から剣道を始めた方は、基本稽古を繰り返してきた年数はもちろんのこと、試合で勝負の感覚を養っているので、高校や大学を卒業後、剣道から離れていたとしても、対人動作の感覚が身体にしみついています。ところが、大人から始めた方は試合などの実戦経験が少ないので、その感覚を意識的に養っていかなければなりません。少々乱暴な表現になるかもしれませんが、剣道らしい動作を身につけなければならないのです。

基本は大きく正確に打つことが求められますが、応用は小さく鋭く正確に打つことが求められますので、その身につけ方を紹介します。基本を土台として応用があるということを理解した上で、読み進んでいただければと思います。

気剣体一致の打突　踏み込み足でリズムを覚える

身体のどこにも無理、無駄な力が入っていない姿勢、これが剣道の基本となる自然体です。わたしは「胸椎」と「尾てい骨」を意識することをすすめています。胸椎と尾てい骨をまっすぐに伸ばすことを意識して構えると自然と背筋が伸び、体幹がしっかりとする感覚が得られます。この形を常に意識して、まずは竹刀を持たずに、面打ち、小手打ち、小手面打ちなど一人稽古で、踏み込み足を用いた空間打突を繰り返してください。大きく踏み込む必要はありません。左足を動かさずに打つことを意識し、一本になる面打ち、小手打ちなどをイメージします。

大人から始めた方は、面を打った時、右足を着床したあとに打突部位をとらえてしまいがちです。上半身の働きと下半身の働きが一致していないいわゆる〝手打ち〟の状態です。このような打ち方は打突部位をとらえたとしても、評価されにくいものです。打突部位をとらえたときに右足でしっかりと踏み込んでいることをイメージします。それが気剣体一致の打突の修得になります。

踏み込んだとき、床と並行に右足を着床すると、乾いた良い音がします。５本の指を揃えて手をたたくと乾いた良い音がします。それと同じ要領で踏み込むことができると、正しく力強い踏み込みになります。

小手面の連続打ちは小手を打ったのち、素早く左足を引きつけなければならず、剣道独特のリズムがあります。こちらから仕かけていく小手面のみならず、相手が小手に出てきたときに相小手面の習得にもつながるので、時間をかけて小手面のリズムを身体で覚えましょう。手刀で行なったのち、竹刀を持ち、同じ感覚でできるようにします。

日常の稽古では、剣道具を着け、切り返し、打ち込みなどの基本稽古を行なうと思いますが、小さく鋭く打つことも必ず実施することが大切です。

基本の面打ちは、両腕の間から相手の面が見える程度の位置まで竹刀を頭上に振りかぶりますが、実戦で面を打つときは、両腕の間から相手の面が見えるまで振りかぶることはほとんどありません。大きく打つときと竹刀の軌道は変えず、自分の左拳が相手の鳩尾の高さくらいまで竹刀を振り上げたところで打てるようにします。難しいとは思いますが、大きく打つとき、小さく打つときは別な使い方にはならないということです。剣道らしい打ち方とはなにかを常に工夫・研究しましょう。

立合の展開を想定　面・小手・小手面を使い分ける

繰り返しになりますが、四段、五段審査では応用動作（対人的技能）を身につけなければなりません。相手との駆け引きが必要不可欠になりますが、より多くの人と稽古をして、駆け引きを覚えていくことが大切になります。

大人から始めた方が四段、五段審査に臨む際、わたしがすすめているのは、面・小手・小手面の使い分けです。初太刀、面で勝負するのか、小手で勝負するのか、それとも相手が小手に来たところを読んで相小手面で勝負するのか、相手に応じて使い分けることが求められます。

審査では大半が初太刀で面を打ちますが、その出す機会は千差万別です。たくさんの技を身につけることは大事ですが、もっと大切なのは本番で通用する技、すなわち審査員が評価する技をいくつ持っているかです。数多く稽古して身につけるしかありませんが、合格した受審者が打った技を参考にして、自分の剣道に照らし合わせて身につければよいのです。

審査で一番評価されるのは出ばな技です。出ばな技で一番大事なのは、相手を引き出すという過程です。相手を引き出すためには、相手にこの機会なら打てると思わせるか、もしくは強い攻めで圧し、機会ではない場面で打突をさせなければなりません。

日頃の稽古では、なかなかそういう機会はないかもしれませんが、審査は同年齢、同段位の人とあたりますので実力は同じです。遠間から間合を詰めて攻め、その過程で相手が我慢しきれず入ってこようとしたところも絶好の機会になります。

このような機会をとらえるためにも、日頃から左足を継がずに打つことを心がけてください。相手に攻め勝ち、打突の好機を得たとしても、そこで左足を継いでしまうと、せっかくの機会を逸してしまうことになりかねず、最悪の場合、相手に打突の機会を提供してしまいます。

剣道は、一足一刀の間合から打つことが大切ですが、一足一刀の間合は一歩踏み込めば届く間合であり、一歩間合を切れば、相手の打ちをさばける間合です。自分がどのくらい入れば打つことができるのかをしっかり把握してください。審査で失敗するのは、届かない距離から打ってしまったときです。

踏み込み足を用いた空間打突で気剣体一致を覚える

時間を区切って稽古　目線を常に変えないこと

指導稽古や互格稽古は時間を区切らずに行なう方法もありますが、より本番に近い内容にするには時間を区切り、立合稽古の形式で行なうことも有効です。とくに試合経験が少ない大人から始めた方々は、時間配分を身体で覚えなければなりません。

掛かり稽古は上手の先生方に気一杯にお願いし、精魂尽きるまで打ち込んでいきますが、そのような立合をすれば、評価されないのは周知の通りです。相手の意図を感じながら、〝ここだ〟という機会に力みなく技を出せるように立合稽古で勉強します。〝ここだ〟という機会に技を力みなく打ち切るのはどの段位にも求められることです。その内容が、受審した段位にふさわしいかを審査員は判断します。

時間を区切った立合稽古では、打ち込み稽古で学んだ面打ち、小手打ち、小手面打ちをどのように組み合わせるかを勉強します。相手の面に対しての返し胴は審査においてよく見受けられる技です。相手を十分に引き出しての胴技は評価されますが、とても難しい技です。まずは我慢して面、小手、小手面をどう打つかを身につけることが大切です。技を出すときは小さく、鋭く打つことです。無理して遠くに跳ぼうとせず、踏み込み足の空間打突のようなイメージで本番でも打てることが理想です。

相手を観察するといっても、なかなか意図は読み取れないものです。しかし、ひとつの方法として、目線を変えないことを推奨しています。剣道は目付についての教えとして、昔から「遠山の目付」というものがあります。一点を注視するのではなく、身体全体を視野に入れておくことで相手の動きがよくわかるというものですが、経験が浅い大人から始めた方は、相手の目を見続けることで、姿勢の崩れが少なくなります。姿勢の崩れが少なくなれば落ち着いて相手を観察することができます。

わたしの経験上、相手から目線が外れると手元が上がりやすくなります。手元が上がれば、相手がこちらの剣先から受ける圧力が半減してしまいます。目線を外さず、強い気持ちで剣先低く攻め入ることで、相手にプレッシャーをかけることができます。

最後に剣道では「3年かけて良師を探せ」といわれているように、指導者の役割は重要です。自分の剣道が間違っていないかを、常に確認してもらい、修正していくことが大事です。限られた稽古時間を有益にするためにも、しかるべきアドバイスを受け、修正することを稽古の日課としてください。

講義3

一人稽古で気剣体一致の感覚を身につける

手刀で軌道を確認。正確に竹刀を振るために

市民剣士といわれる一般愛好家は稽古時間に限りがあります。限りがあるので大いにすすめているのが自宅などでの一人稽古です。

わたしは八段審査を控えた46歳当時、熊本市内から約100キロも離れた警察署で勤務することになりました。赴任してすぐ稽古場所を探したのですが、地元では週1回しかありませんでした。他にも稽古場所を探し、なんとか週3回程度の稽古量は確保したものの、充分な稽古量ではありません。そこで1回の稽古を充実させるために必死で取り組んだのが一人稽古でした。

まずは手刀で打突の軌道を確認してください。空間打突の正面打ちは、身体の正中線に沿ってまっすぐ振りかぶり、重心を移動させながら一拍子で正面を打ちます。両腕を十分に伸ばし、右拳は肩、左拳は鳩尾の高さがめやすですが、我流になっていることがよくあります。

左右面は正面打ちの要領で振りかぶり、頭上で斜め45度より刃筋を斜めに返しながら両腕を伸ばして打ちます。切り返しもこの

手刀で打突の軌道を確認する

要領で行ないますが、剣道具を着けるとなかなか基本通りにいきません。手刀、空間打突、切り返しが同じイメージで行なえるようにしましょう。

剣道らしい動きの要となる手足の動きを一致させる

勢いのある正しい打突をするには手足を一致させることがとても大事です。硬さやぎこちなさは、手足の不一致から生じるものであり、右足右手前に構える剣道は、通常歩行にはない動きなので、意識して稽古をしないと身につきません。

実戦では左足で踏み切り、右足で踏み込んで相手の打突部位を打ちます。打ち込み稽古では元立ちが空けた部位を打たせてくれますが、実戦では相手の動きに対応しながら打たなければなりません。

「打突の起こり」をとらえることが剣道では大切です。この極上の機会をとらえるには小さく鋭く打つ技術を身につけていなければなりません。

前回も紹介しましたが、面打ち、小手打ち、小手面打ちなど踏み込み足を使った空間打突で、手足を一致させることを欠かさないようにします。この一人稽古は初心者ばかりでなく、高段

踏み込み足を使った空間打突で手足を一致させる

者も意識して継続することが大切です。

剣道は「一眼二足三胆四力」の教えの通り足が大切であり、稽古量が減るとまっさきに落ちていくのが足です。一人稽古ですり足や踏み込み足を推奨しているのはそのためです。方法は、左足で踏み切り、右足で踏み込むだけです。わたしも実施しています。

一人稽古でつくったイメージを実践できているか

練度が上がるほど「打ち切る」ということが求められる

1回の稽古を充実させるには、ただ漠然と行なうのではなく、目的をもって行なうことが大切です。わたしは常日頃、剣道は芸術性、武術性、競技性を兼ね備えた内容を身につけなければならないと考えています。素振りひとつから、その内容を満たすように意識することが重要になります。「美しく、激しく、強く」というイメージになりますが、打ち込み、切り返しだけでなく、地稽古でもそれが実現できればと考えています。

稽古をするときは、「これから何をしよう」と道場に入ってから決めるのではなく、「これを試す」などあらかじめテーマを決めておいたほうが実りあるものになると思います。なかなか決めていたテーマの通りのことはできないとは思いますが、自分が理想とする剣道があるはずです。剣道は錬度が上がると、求められる内容も上がっていきます。昇段審査では「打ったのに落ちた」ということがありますが、それは打ち方そのものに問題があるかもしれません。

錬度が上がるほど「打ち切る」ということが求められます。打突部位に竹刀を届かせるのではなく、「打ち切る」とはどういう状態なのかを考えて稽古を続けることが大切です。

いつでも対応できる足を日頃からつくっておく

冒頭に八段審査を受けるとき、稽古環境が大きく変わったことを述べましたが、なんとか合格を手にしたいと考えていたわたしは、環境を変えることはできないとしても、自分を変えることはできると信じ、稽古に取り組みました。

具体的に取り組んだことは足の強化です。稽古ができないときはランニングやダッシュ、スクワットを欠かさぬようにし、道場で稽古ができたときは意識して足さばきを行なうようにしました。

もちろん、道場に入り、実際に剣道具をつけて稽古をすることは必要不可欠です。この稽古をなるべく多くすることは市民剣士の大きな課題になると思います。

ただ、足を鍛えておけば、数少ない稽古でも充実したものになると考えています。わたしは充実した構えから隙があれば打つことを常に心がけています。初太刀が外れれば体当たりをして相手を崩し、そこから技を出すようにしています。

この「隙あれば打つ」という圧力が相手を追い詰めることになり、不用意な技を誘発させることになります。この圧力は充実した構えから生まれるものであり、下半身の安定です。足を鍛えることは日常生活でもできます。意識的に足を動かすことを心がけたいものです。

日頃から足を鍛えておくことで瞬時に対応することができる

講義4

芸術性・武術性・競技性を意識して打ち込みを行なう

1回の稽古を充実させるために小さな努力を積み重ねる

昇段審査では相手より格上であることを示すことができれば好評価が得られることは周知の通りです。では、具体的にどのような内容が必要になるのかというと、圧倒的な打突力が重要なポイントとなると考えています。

とくに六段以上の審査では打突の好機にしっかりと打ち切っていなければなりません。「有効打突は、充実した気勢、適正な姿勢をもって、竹刀の打突部で打突部位を刃筋正しく打突し、残心あるものとする」と剣道試合・審判規則第12条に記されていますが、常にこの条件を満たす一本を出せるように稽古を重ねることが大切です。

圧倒的な打突力を身につけるには、小さな努力を積み重ねることです。道場で稽古をすることだけが剣道の稽古ではないと考え、素振りや体力トレーニングなどをコツコツと続けることで剣道に対する意欲が上がるはずですし、稽古回数の少なさに対する負い

無理のない目標を設定し、素振りなどをコツコツと励行する

目を感じなくなるはずです。例えば道場での稽古が週3回だったとしても、行けなかった日に素振りを実践していれば、毎日稽古をしていることになります。

できないことを嘆くよりも、なにができるのかを考え、実践することができれば1回の稽古がより充実します。打ち込み、切り返しを続けることで打突力は向上しますが、その前提となるのは基礎体力です。加齢とともに基礎体力が落ちるのは自然の摂理ですが、素振りや体力トレーニングで合理的な竹刀操作に加え、基礎体力を強化することができれば、打ち込みや切り返しにも鋭さが増してくるはずです。

素振りについては毎日励行できることが理想です。本数は少なくてもいいので、わたしが推奨する〝ブシュッ〟と空気を切る素振りを続けてください。無理な計画を立てると三日坊主で終わってしまいますので、毎日実行できることはなにかを考え、楽しく続けることが大切だと思います。

体力トレーニングといえばランニングやダッシュを連想しがちですが、歩くことも立派なトレーニングです。わたしはトレーニングの専門家ではありませんが、1日1万5千歩、早歩きを意識して実施することが大切と聞いたことがあります。

稽古を充実させるための準備をしっかりと考えましょう。

構えの確認。とくに気構えに注意して構えを充実させる

何度か紹介していますが、剣道は芸術性・武術性・競技性が必要というのが持論です。美しく、激しく、理に適った剣道をしたいという気持ちでいまも剣道に取り組んでいます。剣道では初太刀を制することが大事であり、一撃で相手を打つことが理想です。とても難しいことですが、そこを目標とすることで質の高い剣道を求めるようになります。

構えについては、加齢とともに上体が前傾したり、ひかがみが必要以上に曲がってしまいがちです。胸椎と尾てい骨をまっすぐに伸ばすことを意識して構えると、自然と背筋が伸びて体幹が安定します。体幹が安定すると姿勢の崩れを抑制することができ、美しい構えを維持することができます。頭で天井を支えるような感覚で常に構えていることが大切です。

構えは有形の身構え、無形の気構えで成立しています。稽古のとき、身構えとともにしっかり意識したいのが気構えです。本番では緊張感をもって相手との立合に臨んでいるはずですが、稽古となるとそのような緊張感をつくることは難しいものです。しかし、有効打突の条件に「充実した気勢」とあるように、気持ちを充実させておかなければ、気の張った稽古ができません。

姿勢を崩さずに打てる間合を身体で覚える

攻め合いから打突の機会と感じた瞬間には打ち切っている。静から動への変化が短ければ短いほど打突に鋭さが生まれると考えています。鋭い打突は姿勢の崩れがほとんどなく、腰始動で打ち切っていることから生まれます。

本番でこのような打ちを出すには、まずは稽古でこのような鋭い打ちを身につけなければなりません。姿勢を崩すことなく、腰始動で打つには適正な間合を知ることです。

面打ちは遠くから打とうと思うと身体を前傾させてしまいがちです。脚力でカバーできる若年層であれば、そのような打ち方でも鋭く打つことができるかもしれませんが、40歳代、さらに50歳代になると、単に竹刀を面に届かせるだけで、当てるだけの行為になってしまいます。

胸椎と尾てい骨をまっすぐに伸ばして構える。頭で天井を支える気持ちを常に意識する

素振りは左拳を前額部まで振りかぶって振り下ろしますが、実戦的な面打ちでも左拳を顎付近くらいまで振り上げないと力強く打つことができません。このような打ちをするには自分が想像しているより間合を詰めないと姿勢が崩れてしまいます。本番で間合を詰めるということは相手から打たれる危険性が高くなりますが、崩れた打ちを何本繰り返しても、評価はされにくいと考えています。

姿勢を崩すことなく、腰始動で打つには適正な間合を知ること

構えを打突直前まで崩さない覚悟で技を出す

仕かけ技は、かつぎ技のように大きく自分の構えを崩して打つこともありますが、このような技は奇襲的な要素が大きく、多用する技ではありません。原則は、攻防の中でもなるべく構えを崩さず、機会と感じた瞬間に無理・無駄なく打ち切ることです。

構えを崩さないまま間合を詰めることができると、相手はどこを狙っているのかわからなくなります。打ち込み稽古をする際も、そのことを意識して行なうことが大切です。

技の稽古をする際、一般愛好家の方々には「近間まで入って打つ」と指導しています。実際には近間まで入るような気持ちで自分が崩れない間合まで強い気持ちで攻め入るということです。このような覚悟で攻め入るから相手は反応し、手元が上がったり、思わず打ってきてしまうのです。出ばな小手が評価されるのは、相手が思わず出ようとした瞬間をとらえるからで、こちらの気攻めがなければ成立しません。

昇段審査は、その段位にふさわしい技を使えなければなりません。そのことを研究・工夫しながら打ち込み稽古を行なうと色々な課題が見つかると思います。

攻防の中でもなるべく構えを崩さず、機会と感じた瞬間に無理・無駄なく打ち切る

講義5

審査員の心をつかむ打突

審査員が認める剣道を常に意識して稽古する

剣道が評価されるのかを考えて稽古することが大切です。ただし、昇段のための稽古といっても、なにか特別な稽古に取り組むということではなく、剣道の理念に「剣の理法の修錬」という文言があるように、理法を意識して稽古することが大切です。

竹刀の握り方は左右ともに小指、薬指、中指の順に締め、人差し指、親指は軽く握り、親指が下を向くように持ちます。鏡に向かって構えたときは正しく竹刀を握っていても、いざ、剣道具を着けての稽古となると、つい力んでしまい、親指、人差し指に力が入ってしまうことがよくあります。いまいちど教本などで竹刀の振り方、体のさばき方などを確認してみましょう。

昇段審査は八段審査で約2分、七段審査1分半、六段審査1分とわずかな時間です。そのわずかな時間で審査員の心をつかむ打突を出せなければ、合格を手にすることはなかなかできません。相手を攻めつつ、機会をとらえて打たなければならず、しかもその過程が理にかなったものでなければなりません。

試合では奇襲攻撃が功を奏することがあります。しかし、審査では奇襲的な技を出し続けていてもなかなか評価されません。〝シンプルイズベスト〟という格言がありますが、確固たる基本を土台とし、応用である実戦につなげていくことが大切です。

理法は刀法・心法・身法で成立していると言われています。と

昇段審査は、有効打突の内容が高いレベルで求められる

昇段審査の審査員は六段、七段が6人、八段審査は一次審査6人、二次審査は9人が担当します。日頃の稽古では、どのような

くに目に見える刀法・身法は剣道の評価に直結します。審査では「相手を打ったのに不合格だった」という嘆きをよく聞きますが、この原因のほとんどが刀法・身法と考えられます。

有効打突は「充実した気勢、適正な姿勢をもって竹刀の打突部で打突部位を刃筋正しく打突し、残心あるものとする」と試合・審判規則第12条に記されています。昇段審査は、有効打突の内容が高いレベルで求められるので、日頃からそのことを意識して取り組みたいものです。

まずは審査を想定し、常に緊張感に満ち溢れた稽古を実践することが大切です。「稽古は本番、本番は稽古のように」という教えがありますが、本番で稽古のように行なうことはとても難しいことです。しかし、稽古を本番のような気持ちで行なうことは心がけ次第で可能です。

稽古は仕事の関係で、勤務後、あわてて稽古場所に駆けつけることがあるかと思いますが、稽古場所に入ったら常に全力で取り組めるような準備をしておくことが大切です。怪我をしてしまうと稽古から離れざるを得なくなります。準備体操も稽古の一つです。面を着けて打ち合うことだけが稽古ではありません。なぜ準備体操が必要なのか、なぜ素振りや足さばきの稽古が必要なのか、その意味をよく考え、理解して取り組むと意欲が増すと思います。

仕かけ技を基軸に技を構成すると攻撃力が上がる

剣道は「攻撃あって守りなし」と言われています。常に「打つぞ、突くぞ」という気持ちで相手を攻め、機会と感じたときには打ち切っていることが理想です。

審査はわずかな時間で自分を表現しなければなりません。しかも相手は同格です。容易に打つことはできませんが、その難しい壁を超えることができたとき、合格を手にすることができると考えています。

相手を打つには、相手に隙を生じさせなければなりません。常に「打つぞ、突くぞ」という気持ちで攻め続けることが、相手に「打たれるかもしれない」という迷い、恐れを生じさせることができます。そのために日々の稽古で磨きをかけたいのが面を中心とする仕かけ技です。鋭い面があると相手はそれだけで警戒します。手元が上がるのは、面を警戒するからで、そこに小手を打つ機会が生まれます。さらに不用意な技を出させることができれば出ばな技、応じ技へと展開することができます。

応じ技は、相手の強い攻めに気圧されて思わず手を出してしまうから、すり上げ技や返し技が成功します。最初から応じ技を狙うと、相手に圧がかかりにくく、待って打つようなかたちとなります。面返し胴は昇段審査においてよく見受けられる技ですが、審査員を首肯させる技を打つことが難しいのは、待って打っているからです。

稽古で磨きをかけたいのは面を中心とする仕かけ技

打突時、姿勢が大きく崩れない間合まで入ること

技の稽古を実施する際、身体で覚えなければならないのが自分の打ち間です。実戦では鋭く打つことが求められますが、どの間合に入れば打てるのかを稽古で身につけます。

実戦では速く打つことばかりに気をとられ、前傾しながら打ってしまうことがあります。このような打ち方では打突に強度が生まれず、竹刀を置きにいくような打ち方になってしまいます。

基本的な一足一刀の間合は、一歩踏み込めば相手を打てる間合、一歩下がれば相手の打ちを外せる間合です。年齢や脚力などにより個人差がありますので、まずは自分の間合を知ることが大切です。本番では打ち急いでしまい、はるか遠い間合から技を出し、空振りをしたり、大きく体勢を崩してしまったりすることがよくあります。

姿勢を崩さずに打てる間合は、自分が想像している以上に間合を詰めなければなりません。間合を詰めるということは、こちらも打たれる危険性が大きくなります。しかし、「切り結ぶ太刀の下こそ地獄なれ踏み込み見ればあとは極楽」という道歌が示すように、勇気と決断をもって臆せずに間合に入り、捨て身で技を出すことが有効打突へとつながります。

間合を詰めるときは細心の注意を払います。小さく細かく詰めていくことが基本であり、その際、足幅を

技は極力姿勢を崩さずに出すことを心がける

一定にすることが大切です。間合が詰まると足幅が広がってしまうことがありますが、足幅が広がると左足の踏み切りが弱くなり、正確に打つことができません。右足を出したら、左足も必ず引きつけ、いつでも打てる体勢を維持します。打突の機会は一瞬ですので、その一瞬に力むことなく技を出せるようにします。

二の太刀、三の太刀を制する。生きた左足をつくる

実戦ではなにはさておき、左足を継がずに打つことが大事です。自分が打てる間合に入ったときに左足が動いてしまうと、動作が遅れてしまい、正確に打つことができません。

〝溜めて打て〟と指導の際、〝溜め〟という言葉を使いますが、左足が生きていないと溜めが居つきになってしまいます。左足に張りを持たせて構えることは負荷がかかりますが、左足を緩める

打突後は左足を素早く引きつけて体勢を整えることで二の太刀、三の太刀を打つことができる

と鋭い打突は出せません。

普段の稽古から左足を安定させて技を出すこと、さらに打突後は左足を素早く引きつけて体勢を整えることが大切です。体勢が整えば、二の太刀、三の太刀を打つことができます。その意味で小手・面、面から体当たり、引き面などの連続技を稽古しておくことです。すばやく体勢を整えることをしておくと、とっさに生じた隙をとらえることができるようになります。

剣道における左足の役割は打突前の重要性はもちろんのこと、打突後の引きつけ、打突後の素早い送り足などひとつも疎かにできないものばかりです。これらの項目を意識して稽古をすれば正確な打突につながることは明らかです。

審査では有効打突が大切ですが、技を出す過程が理に適っていなければなりません。理に適っているとは基本に則った技です。いまは映像で自分の姿を映すことが簡単になりましたので、自分の姿を確認、修正しながら、理に適った技を出せるように稽古を続けましょう。

講義6

自己分析はここに注目する

微差に気づく。できていると思っていてできていないのが剣道

剣道は試合にしても、昇段審査にしても審判や審査員という第三者が評価するものです。自分では〝打てた〟と思っても、評価されないということは自分と審判、自分と審査員との間に違いがあったと考えられます。その誤差を埋めるには、自己分析から着手しなければなりません。その自己分析の方法でもっとも適しているのは自分の映像を撮って、確認・検証・修正をすることです。

剣道上達には、自分では気がつかない欠点を修正しなければならない

自分を含め、できていると思っていてできていないのが剣道です。いまは機材を揃えなくても、スマートフォンやタブレットで簡単に自分の剣道を撮影することができます。稽古仲間と動画を共有することも容易になっているので、ぜひ実施してほしいと思います。

動画撮影というと、審査や試合などの本番を思い浮かべると思います。もちろん審査も試合などを撮影することも大切ですが、それよりも日頃の稽古を撮影することをすすめます。審査や試合は本番であり、応用動作の集大成です。応用動作は基本動作という土台の上に成立していますので、素振りを含め、打ち込みや切り返しを撮影して、自分の現状を把握することが大事です。ほとんどの方が、自分のイメージと実際の動画に乖離があるはずです。この〝違っている〟と感じた個所をメモするなどして列挙し、〝違っている〟部分を〝イメージ通り〟に修正していくことが必要です。

修正するにあたっては、しかるべき指導者に自分の映像を確認してもらい、的確な助言をもらうことが大切です。素振りや切り

返し、打ち込み稽古に関しては、だれもが現時点で自分が精一杯のパフォーマンスをしていると信じて行なっているはずです。しかし、応用動作が必要となる四段、五段、高段者となる六段、七段、さらに八段をめざすには、自分では気がつかない欠点を修正しなければなりません。欠点というとだれもが気がつくようなものと考えがちですが、錬度が上がれば上がるほど、欠点はわずかな点です。この微差を気がつくことができるかが、成長の鍵を握ると考えています。どうしたら100点の剣道ができるのかを問いかけ、小さな気づきを蓄積して、修正するという作業を繰り返すしかありません。

武道には「3年習うより3年師を探せ」という格言があります。3年間独学を続けるより、3年かけて師を探して稽古に取り組んだほうが上達するという意味があるそうですが、それはともかく、剣道は先人の教えを学び伝えていくという伝承文化ですので、錬度が上がれば上がるほど謙虚に教えを受ける必要があります。

ただし、助言を生かすも、殺すも自分自身ですので、日頃から自分を高める努力が必要です。教えを受ける側がどのような課題を持っているかをわからずに、指導者は闇雲に助言できません。そこで今回は、自分の映像を見るとき、どこに注目すべきかを紹介したいと思います。

常に攻撃的な生きた足構えができているか

構えは、基本中の基本です。『剣道指導要領』に書かれている基本をそのまま実践することが大切ですが、実戦になればなるほど足幅が広がったり、上半身に力が入ったりしてしまうものです。

鏡に向かって正しい構えをつくることは容易でも、相手と対峙して打ち合いを行なうと、なかなかうまくいかないのは、相手に対して雑念が入るからです。互格稽古など応用稽古で構えを確認する際は、自分の崩れに注目してもらいたいと思います。同格の相手に対し、どれだけ崩れを少なくできるかが重要です。構えは胸椎と尾てい骨（背筋）を伸ばし、頭で天井を支えるような気持ちで目線を一定にすることが大切です。この構えを維持することで崩れが最小限に抑えることができると考えています。しかし、崩れないことに意識を置きすぎると、気の抜けた稽古になってしまいます。「構えは激しく回転する独楽のように」という教えの通り、相手を凌駕する気迫が必要です。

基本稽古でも、相手を凌駕する気迫が必要です。正しい動作を意識しすぎると、剣道でもっとも大事な気迫という部分が欠落してしまいます。基本稽古のための基本ではありません。「相手を打つぞ、突くぞ」という気迫を重視して取り組む必要があります。

左右の足の重心を左49.5%、右50.5%、とわずかに右足重心にするような気持ちで攻撃的な構えをつくる

わたしは「打つぞ、突くぞ」という実戦的な構えをつくるには、左右の足の重心を左49・5%、右50・5%、わずかですが、右足にかけていたほうが良いと考えています。これは感覚的な問題であり、左足にかかりすぎると、居つきにつながってしまうので、それを防ぐための心掛けでもあります。気迫の問題は目に見えにくいので、指導者にチェックしてもらうことをすすめます。

打ち込み、切り返しは左足が遊んでいないかに注目する

わたしが打ち込み、切り返しを指導する際、もっとも注目しているのが左足です。一拍子の面打ちを身につけるのが、基本習得のスタートですので、映像でも、それができているかを確認してください。

構えた状態から前に出ている右足を攻め足とし、右足と竹刀を同時に振り上げていきます。自分の右膝で柄頭を押し上げるようなイメージです。切り返しは、遠間で中段に構え、一足一刀の間合に詰めます。そこから正面を打ちますが、このとき左足を動か

かさずに打てる間合を身体で覚えることが大切です。自分が想像している以上に間合に入らないと左足を動かさずに打つことができないことがわかると思います。

また、切り返しでは左右面を打ったのちに左足を遊ばせないことです。左面を打ったのち、中段の構えに戻ったときには打てる足をつくっておくことです。切り返しの良し悪しは最後の正面打ちを正しく打てるかで決まります。

一方、正面打ちなど基本の打ち込みでも打突後の左足を大事にしてください。左足の引きつけを素早くして打ち抜けることが大切なことは周知の通りですが、自分が想像している以上に打ち抜けの鋭さが欠けていることがあります。打ち抜けた後、相手と正対した際には打てる足を作っていなければなりません。左足に相当負荷がかかりますが、左足を意識することが実戦につながります。

打突後の左足を大事にする。自分が想像している以上に打ち抜けの鋭さが欠けていることがある

堅固な左足をつくるには体幹強化が必要不可欠

相手より若く、勢いのある剣道をすることが昇段審査合格の秘訣です。若く、勢いのある剣道を生むのが左足ですが、堅固な左足をつくるには盤石な体幹が必要になります。剣道に適した体幹をつくるには面体当たり引き面などの連続打ち込みを実践することも有効です。勢いは大切ですが、打てる左足を素早くつくり、安定した左足をつくります。わたしが指導する道場では面体当た

打ち込みは体幹を使って打ち切ることが大切

り引き面の3連続打ちを行なっています。目的は前に出る、後ろに引く、前に出ることで足、体幹に負荷をかけ足腰の強化を図ることにあります。ポイントは左足の無駄な動きをしないことです。

打ち込みを行なう際は、正しい構え、適切な間合から体幹を使って打ち切ることが大切です。体幹を使って打ち切る感覚はなかなか自覚できませんので、動画確認とともに、指導者からの評価を受けることが重要です。

また、素振りや足さばきなどの一人稽古を実施する際は、左足の素早い動きで基本の足幅を確保し、瞬時に打てる足をつくることが重点課題の一つになります。足ができていれば臨機応変に相手と対峙することができます。繰り返しになりますが、左足は自分が想像している以上に遊んでしまうものです。実戦で左足が緩めば命取りです。常に生きた左足を維持することは負荷がかかりますが、そのことを意識して稽古をするだけでも、剣道が変わってくると思います。

動画を確認する際は、色々と気になるところが出てくると思います。気になるということは、成長への証です。

講義7

稽古法を見直す

昇段審査を終えたときが自己を見直す好機だ

六段・七段審査は春夏秋、八段審査は春秋の2回開催されています。11月の全国審査を終えると剣道界ではひとつの区切りとなります。見事、難関をくぐりぬけ、合格を手にした方は、新たにその段の修行が始まったということです。六段に合格されたのであれば、五段の修行が終了して六段の修行が始まり、七段であれば六段の修行が終了して七段の修行が始まったととらえ、更なる向上に向けて精進することに剣道の魅力があると考えています。

一方、審査に失敗してしまった方はその原因をしっかりと分析し、次の審査までになにをすべきかを考えなければなりません。例えば有効打突を打たれたとしても、打たれ方は一つではありません。自分から仕かけていって、その出ばなを打たれる。相手から仕かけられ、その居つきを打たれるなどですが、有効打突を打

審査終了後が自分の剣道を見つめなおす絶好の機会

たれたという結果は同じでも、原因はまったく違います。ただし、打たれるところは紙一重で打てるところでもあります。打たれたような展開に持ち込むことができれば打突の機会が生まれますし、立合として成立していたことになります。

　また、失敗は、有効打突を出せなかったことが原因であることもありますが、その前提条件として段位にふさわしい技が身についていることが重要となります。「相手を打ったのに落ちた」という嘆きの声が審査後に聞こえてきますが、こう感じたときは自分の構えや姿勢、打ち方を見直さなければなりません。

　昇段審査で有効打突を出すことは大事なことであり、その日の出来栄えで自己判断をしがちです。試合の場合、その試合の優勝者を決めるものであり、審判員が錬度に応じて判断した打突が有効となります。しかし、審査には付与基準があり、この付与基準の内容を満たした打突でなければ合格を手にすることはできません。

　全国審査が終わったあとが自分の剣道を見つめなおす絶好の機会です。めざす段位にふさわしい剣道はなにが求められているのかを確認することから始めましょう。自分では良いと思って取り組んでいても、方向性が間違っていると、いつまでたっても到達点にたどり着くことができません。

　前回も指摘しましたが、錬度が上がれば上がるほど、修正すべき欠点はわずかです。しかし、わずかな欠点をひとつずつ修正しなければ、上達はないと心得、取り組むことが大切です。

稽古の工夫。最大限の効果を得られる内容を考える

　稽古を行なうのであれば、より内容を濃くして、最大限の効果を得ることをめざすことが大切です。わたしは特練を退いてから減った稽古量を補うために、そのことを真剣に考え、取り組むようになりました。

　一般的に1回の稽古は準備運動から始まり、素振り、切り返し、打ち込みなどの基本稽古、その後、互格稽古ないし指導稽古を行ない、掛かり稽古、切り返しで終了となります。

　稽古不足を補うために同僚の清水新二先生（範士八段）と基本稽古を繰り返してきましたが、そのときは面打ちから始めるようにしていました。

　切り返しは正面打ちと連続左右面打ちを組み合わせたもので、技術の向上にとって欠かせない大切な稽古法です。しかし、身体が温まっていないうちに行なうと左右面が小さくなってしまいました。そこで面打ちを繰り返し、充分に身体がほぐれてから切り

返しを行なうようにすると、伸びやかに打てるようになりました。稽古には目的があります。どのように行なえば、最大限の効果を得られるのかを考えましょう。

稽古の順番を工夫することも大切。稽古の目的を考え、最大限の効果を得られる工夫をすること

足腰の強化を念頭においた稽古を心がける

1回の稽古は1時間から2時間程度だと思いますが、常に意識したいことは足腰の強化です。剣道の土台は下半身、とくに左足にあります。素振りや切り返し、打ち込みなど基本稽古から左足を遊ばせないようにします。

一人稽古でぜひ実践してほしいのが足の踏みかえ素振りです。両足を前後踏みかえるなかで面を打ち切るものですが、足に負荷がかかります。たくさん振る必要はないので、気持ちを集中させて行ないます。

稽古になると打つことや竹刀を振ることばかりに意識が向きがちですが、打突は足の備えがあって成立するものです。左足を張って稽古をすると相当負荷がかかります。常に打てる足をつくって稽古をすることが大切です。

自分の稽古姿を撮影し、確認することが大事です。とくに足運びに注目してほしいと思います。小手打ちのときは左足を継がずに打てても、面打ちとなると足が動いてしまうものです。

自分が姿勢を崩さずに打てる間合まで入り、左足を動かさずに打つことを身体で覚えましょう。自分の想像以上に間合を詰めないと打てないはずです。

両足に負荷をかける足の踏みかえ素振り

地稽古の工夫　相手を観察する時間をつくる

目上の先生方に稽古をお願いするときは打たれることを怖れず、気一杯にお願いするいわゆる懸かる稽古が大切です。先生方の重圧に耐え、そこを乗り越えて必死の打突を繰り返すことで気力とともに技量が錬られていきます。とても大切な稽古法ですが、この〝懸かる稽古〟の気分で立合を行なうと、相手に必死に懸かるような内容になってしまいます。

昇段審査は同格の立合です。格の違いを見せることがなにによりも大切になります。元立ちの先生方のように余裕をもって対峙できれば良いのですが、本番ではそのような余裕はないでしょう。

相手を分析するには冷静な自分でいなければならない

剣道は「一眼二足三胆四力」と教えているように、相手を分析する眼がなによりも重要です。相手を分析するには冷静な自分でいなければなりません。

わたしが指導している稽古会では立合稽古の際、開始から10秒間は発声をせず、相手を観察するように指導しています。太鼓の合図で10秒間を知らせるまでは無声で相手と対峙し、剣先のやり取りをするようにしています。

審査は限られた時間内で自分を表現しなければなりません。思い描いたような立合ができることはなかなかありませんが、日々の稽古ではそのことを意識して取り組むことが大切です。

本番は無心の技が出ないと合格を手にすることは難しいと思いますが、日々の稽古ではやるべきことを意識し、それができているのかを検証することが大切です。技を出すまでの過程を大事にして剣先の練り合いを大事にしてください。

ながく剣道を続けていると個癖がついてしまいます。これは仕方のないことですが、修正することをコツコツと積み重ねることで改善可能です。剣道修行に特効薬はありません。あきらめず粘り強く稽古を続けることがなによりも大切だと考えています。

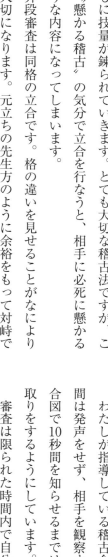

講義8

攻めが足りないと指摘されたら…

日頃の稽古で、極限状態で気を張った状態をつくれるか

極限の状況で気を張った状態を維持するには、日頃から常にこの気持ちを維持すること

「攻め合いもなく間合を詰めて面の相打ちを繰り返す」「早く一本を決めようとして気力が充実しない状態、いわゆる『溜め』をつくれないうちに剣先の攻防もなく打ちにでる」

審査の寸評では右のような指摘がよくなされます。受審者自身は一所懸命に攻めて打っているつもりでも、横から見ている審査員の先生方には単に技を出しているだけの状態ということです。

『剣道和英辞典』（全日本剣道連盟）の「攻める」という項目は以下のように記されています。

「充実した気勢で自分から相手との間合を詰め、相手が身動きできないようにする。相手の心身のバランスを崩し十分な動作ができないようにする。気力による攻め、剣先による攻め、打突による攻めなどがある。常に相手よりも優位な立場を確保する。剣道では偶然の打突ではなく意図的に『攻めて打つ』ことが重要とされる。『攻め』『攻め返す』などの攻防のやりとりは互いの技の向上のみならず、心身を陶冶する。これらのことが、相互に自己を創造しあうことになり、人間形成につながる」

まさにその通りですが、では具体的にそれをどのように実践するのかを考えると、わたしもふくめとても難しい問題です。とくに昇段審査は実力が拮抗した者同士で立ち合います。八段審査の二次審査ともなれば紙一重の攻防です。そのなかで審査員が首肯

する一本を打つには、よほどの準備が必要です。

剣道では「心が動いたら負け」と言われています。相手からの圧力を感じたときに恐懼疑惑の四戒が生まれ、そこに打突の機会が生まれるわけですが、ただ相手と立っているだけで、魔法のように相手が動くはずもありません。

攻防の中で「充実しているな」「隙がないな」などと感じさせることができれば、優位に立つことができます。わたしは目線と体幹を安定させ、相手の目を見続けながら体を寄せていくことが無形の攻めにつながると考えています。もちろん、相手も同じことを考えていますので、こちらの意図通りになることはありませんが、常にそのような気持ちでいるようにしています。

極限の状況で気を張った状態を維持するには、日頃から常にこの気持ちを維持することです。仲間との稽古はどうしてもマンネリになりがちです。そのなかで素振りから気持ちを充実させ、本番で通用する剣道とはなにかを問いかけることが、気持ちの充実となり、それが攻めにつながっていくと考えています。

自分の姿勢を崩さずに打ち切ることができる間合を知る

気持ちの充実は、いつでも打てる構えの持続から生まれます。間合の攻防のなかで出てよし、引いてよしの状態をつくることですが、終始この状態をつくることは困難ですので、打つか打たれるかの切羽詰まった状態で自分の理想とする打ちを出せることをめざします。

剣道は触刃の間合から剣先と剣先が交差する交刃の間合、さらに一足一刀の間合まで、間合を詰めるときに自分の備え（心法・身法・刀法）を充実させ、相手の変化を見極めることが大切であり、審査員はここに注目しています。

間合を詰める過程で相手を崩すことが大切ですが、その過程で手元が上がったり、上半身に力が入り過ぎたりすると、思うような打突が出せなくなるのは周知の通りです。間合を詰める過程で重圧に耐えられなくなり、面を打って出たものの、打突部位に届くことなく、空振りをしてしまうこともあります。自分がどこまで入れば正しい姿勢を保持したまま打つことができるのかを知ることが大切です。自分が想像している以上に近いことがわかると思います。そこから左足を動かすことなく打ち切ります。本番ではその間合に入る過程で相手が打ってくることもあるし、攻められることもあります。

正しい姿勢を保持したまま打つことができる間合を知ることが大切

遠くに跳ばない。打突は切れ味と瞬間的な速さが重要

六段以上は高段者です。高段者には「強さ」と「冴え」を兼ね備えた気剣体一致の打突が必要です。わたしは〝切れ味〟と〝瞬間的な速さ〟と表現しています。打突後は瞬時に体勢を整え、二の太刀、三の太刀が出せるような備えも求められます。

このような打突は技を出すまでの過程を大事にした打ち込み稽古が必要不可欠です。実戦を想定しながら緻密に間合を詰めて技を出すようにします。面打ちの稽古が主体であり、自分が届くもっとも遠い間合から打突することは大切です。しかし、遠くに跳ぼうと思うと姿勢が崩れやすくなります。実戦で相手が居ついたところを打つには間合を詰める必要がありますので、コンパクト

高段者をめざすには切れ味と瞬間的な速さを兼ね備えた気剣体一致の打突を身につけること

に鋭く打つようなイメージで打ち切るようにします。

この稽古は、交互に元立ちを務めると思いますが、掛かり手と合気になり、的確に打たせることが大切になります。お互いに打った技がすべて有効打突になることが理想です。応じ技の稽古では、掛かり手が攻めて引き出す状況をつくり、鋭く打ち切るようにします。

有効打突の第一条件は充実した気勢ですので、常に気を張った状態で稽古を続けることが大切です。

攻防を大事にして熟慮断行で有効打突につなげる

審査は無駄な動きや無駄な技を出さないことが大切と言われています。しかし、それらを意識しすぎると緻密な間詰めや竹刀操作など攻めを施す際の重要な作業が皆無となってしまい、冒頭に紹介した攻め合いもなく、ただ距離を詰めて面の相打ちを繰り返すことになってしまいます。相手に集中して攻め合えば、おのずと気のやり取りが生まれ、密度の濃い攻防となります。

足を止めて観察しているだけでは相手に圧力はかかりません。緻密な足運びと腰の重心移動により、「打つぞ、突くぞ」という問いかけが、相手の心を揺さぶることになります。

触刃の間合、交刃の間合、一足一刀の間合に詰めていくなかで打突の機会を見出すことが大事ですが、毎回、機会を見出すことはまず不可能です。相手も同じことを考えて攻めてきます。そこであわてず自分を極力崩さずに対処することです。相手が打ち気になって間合を詰めてくれば攻め返すことも求められます。

時間を区切っての立合稽古をする際は、技を出すまでの攻防を大事にして、機会と感じたら躊躇なく打ち切ることです。面技が中心になるとは思いますが、面を打つにもこちらから攻めて崩して打つ方法もあれば、相手を引き込んで出ばなを打つ方法もあります。さらに攻めて崩して打つ方法も間合の入り方、技を出すまでの間のとり方を考えると、打ち方は無限にあります。

また剣道には仕かけ技と応じ技があります。相手が自信をもって打ってきた技に対して返したり、すり上げたりすることができれば、たとえ有効打突にならなかったとしても、相手は疑心暗鬼になります。

剣道の攻防、とくに昇段審査では打つか打たれるかの極限の間合で崩れないでいられるかが重要です。「打たれるかもしれない」「危ない」と感じるところでの攻防であり、ときに居ついたり、打ち急いでしまったりすることがあります。

極限の間合はどうにもならない状態での我慢比べです。その我慢比べで競り勝つことができれば、見事な一本につながります。

緻密な足運びと腰の重心移動により、「打つぞ、突くぞ」という問いかけが、相手の心を揺さぶる

日頃、このような稽古を繰り返すことで胆力がつきます。剣道で上懸かりの稽古が必要なのはそのためです。新型コロナウイルス感染拡大の影響から出稽古についてはまだまだ制約があると思いますが、上位の先生方への稽古を増やすことも大切です。

講義9 三つの攻めを身につける

安定した構えで間合を詰め、常に相手に圧力をかける

攻めの定義は難しいですが、お互いの五分五分の均衡状態を、どのように打開して有効打突に結び付けるかということになるかと思います。

審査では終始、集中力を持続し、張りつめた緊張感をもって相手と立ち合わなければなりません。審査時間は八段審査でも約2分です。しかし、実力伯仲の相手と2分間、優位な状態を保って立ち切ることは容易なことではありません。それが合格率にあらわれているのかもしれません。

わたしは攻めを身につける上で、体攻め（顔・体幹・足）と連動した剣先の攻めを工夫・研究することが大事と考え、いままで実践してきました。具体的な方法については後述しますが、その攻めを機能させるのが安定した正しく、美しく、勢いのある構え

相手の目を見続けることで、目線が一定になり、顎や手元が上がらないという効果がある

です。

構えというと静的な状態でとらえがちですが、とくに間合を詰めたときに自分から崩れないようにします。打ち間に入ったときは左足を継がずに素早く打つことが有効打突に直結します。この足をつくることが、実はとても難しいと考えています。

打ち気が強くなると肩に力が入り、上半身が前傾姿勢となり、腰が入らない手打ちになってしまいます。この状態からは審査員が首肯する技を出すことは困難ですし、相手に圧力もかかりません。審査員は受審者の立合を横から見ていますので、一目でわかってしまいます。

前回も少し触れましたが、わたしは目線と体幹を安定させ、相手の目を見続けながら体を寄せていくことが無形の攻めにつながっていくと考えています。目のつけどころについては、種々ありますが、相手の目を見続けることで、目線が一定になり、顎や手元が上がらないという効果があります。

日々の基本稽古では遠間から一足一刀の間合に入り、面打ちや小手打ちなどを行なっていると思います。この入る過程、もしくは誘って相手に入らせる過程で相手に攻め勝つことで打突の機会が生まれます。どうしたら崩れずに間合を詰めることができるかを工夫・研究してください。

表から攻める　つま先・右膝・腰との連動で圧力をかける

攻めによって相手の剣先が「下がる」「上がる」「開く」「手元が浮く」等々、相手の構えが変化することがあります。そこに打突の機会が生まれます。

剣先の攻めを工夫することは、小手先で竹刀を動かすことではありません。下半身（左足のひかがみを伸ばし、右足踵をわずかに上げる。重心は左足4・95、右足5・05を意識）と連動しながらいつでも打てる状態をつくりながら圧力をかけることで、相手の心を動かします。この表からオーソドックスに中心を攻めて、相手の気持ちが動いて打突行為を起こした瞬間を打つのが出ばな技です。

打突を決断したとき、躊躇なく打つのに重要なのは左足の備えです。相手も同じことを考えて対峙しています。間合の詰め方に細心の注意を払う必要があります。大きく間合を詰めることで、相手の虚を衝くこともありますが、反対に出ばなを狙われることもあります。

また、表から剣先をおさえながら相手の反応を見ることも有効です。このとき注意したいのは剣先のおさえ方です。相手の剣先が自分の中心から外れるように中結付近を相手の竹刀操作が不能になるくらい力強くおさえます。

竹刀操作は竹刀を握る手の内・腕で行ないますが、下半身も伴わないと円滑な操作になりません。このことは常に意識しておきたい重要項目です。

表からオーソドックスに中心を攻めて、相手の気持ちが動いて打突行為を起こした瞬間を打つのが出ばな技

裏から攻める　剣先を生かしておさえる

　こちらの剣先で裏からおさえて攻めるには、表裏の攻めを組み合わせながら行なうことで効いてくると考えています。表からの攻めが効いていると、相手はその剣先を嫌って払ったり、外したり、おさえたりするようになります。このとき、間合をやや詰めながら裏に入ると、相手の手元が咄嗟に浮いたり、こちらの小手を打とうとする瞬間が小手を打つ機会です。

　裏に竹刀を移動させるときは、動作が大きくなると打突の機会を与えてしまうので、小さく緻密に行なうことが原則です。一人稽古でイメージをつくることもできるので、効果的な竹刀操作を工夫・研究して身につけてください。

　裏から攻めるときは、自分の剣先が外れ、小手の打突の機会を与える危険性を伴います。よって目線と体幹を安定させ、姿勢を崩さずに間合を詰め、先の気持ちを強くします。

　剣先を裏に移動させた場合も、表からの技と同じく相手の中心をとっておくことが重要です。中心さえとっておけば、こちらが技を出しても、小手を打たれる危険性は低くなります。

　どの状況で剣先を裏に移動させると効果的なのかは一概には言えませんが、わたしは表からの攻めに気をとられているときが一つの機会と考えています。

間合をやや詰めながら裏に入ると、相手の手元が咄嗟に浮いたり、こちらの小手を打とうとする瞬間が小手を打つ機会

剣先を下げる　相手に迷いを感じさせ、打突の予知能力を減退させる

剣先を下げて攻め入ることで、相手は通常よりも強く圧力を感じると考えています。ただし、裏からの攻めと同様、気攻めが効いていないと、剣先を下げたところを狙われてしまいます。ただ剣先を下げても効果はありませんので、剣先を下げる機会や間合などを日々の稽古で研究することが大切です。わたしは剣先を下げることで相手を居つかせ、退かせることができると感じたとき

剣先を下げることで相手を居つかせ、退かせることができると感じたときが、一つの機会

が、一つの機会と考えています。

わたしは、剣先を下げながら間合を詰め、そこに諸手突きを出すことを持ち技の一つとしています。この技は他の技と比べ、動作が大きくなるので、打たれる危険性も大きくなります。それゆえ、ある程度の確信がなければ突くことはありません。

攻め方は千差万別で、正解はありません。ただし、いずれも刀法・心法・身法に則したものでないと打ち切ることができず、とくに昇段審査ではたとえ打突部位をとらえたとしても評価されにくいものとなるでしょう。

日々の稽古では中心を攻め、割って面を打つ技を磨くことにかなりの時間を割いていると思います。しかし、ワンパターンの攻めはなかなか通用しません。その意味で攻めの幅を広げる工夫と稽古は重要と考えています。

講義10

打突の機会を精査する

技には出すべき機会がある。積極的に攻め上げてそれを作る

全日本剣道連盟発行の機関誌『剣窓』には審査員の先生方による寸評が紹介されています。毎回、攻めについての指摘、打突の機会についての指摘などが掲載されています。

「立ち上がるや否やすぐさま技を出すことが目立ちます。高段位においては、攻防で相手に攻め勝ち、崩し動かし引き出して遣うことにより打突の好機が生まれます」

「予想しての技や決め打ち、溜めのない打ちが多く機械的な打突になっています」

剣道においては、打突の機会を自分から積極的に攻め、相手の崩れや変化を誘発させなければならない

毎回『剣窓』には右のような寸評が掲載されています。与えられた課題通りにうまくできないのが昇段審査の難しいところですが、これらを意識して稽古に取り組むことで目には見えない実力が構築されるはずです。

『機会』という言葉は『広辞苑』には「何かをするのに好都合な時期。おり。しおどき。チャンス」と記されています。それゆえ与えられたものと理解されがちですが、剣道においては、打突の機会を自分から積極的に攻め、相手の崩れや変化を誘発させなければなりません。

打突の機会と感じて技を出しても成功しなければ打ち急ぎ、無駄打ちであり、また出ばなを狙って相手の起こり端を誘い出し

ても、遅れてしまえば待って打っていたと評価されることもあります。

打突の機会は「技の起こり」「居ついたところ」「技の尽きたところ」「相手がひいたところ」「技を受け止めたところ」などがあります。ある程度、剣道を続けている人であれば、だれもが聞いたことがある言葉だと思いますが、知ってはいても実際に打つとなると本当に難しいのは周知の通りです。

剣道は竹刀を介して相手とやりとりをし、機会に応じて技を選択していくものです。竹刀があるので年齢差があっても稽古をすることができ、血気盛んな若手を、熟練者はいとも簡単に打つことができます。それができるのは機会をとらえることに長けているからであり、経験値に大きな差があるからです。

こちらから積極的に攻め、機会をつくり出すことは難しいことです。しかし、日々の稽古のなかで剣先の動きや力の入り具合、間合の取り方などで必ずわずかな変化があるはずです。そこを稽古の積み重ねで感じ取っていくことが大切です。一朝一夕にできるものではありませんが、だからこそ剣道は奥深く、一生かけて求め続ける価値があると考えています。

技の起こりを打つ　剣先と手の内と踏み込み足の作用で一本にする

技の起こりを打つ出ばな技は、文字通り相手が技を出そうとした瞬間をとらえるものです。剣道の基本は大きく、正確に打つことが求められますが、試合などでは小さく、鋭く、正確に打つことが必要不可欠です。

出ばな技において一番大事なのは、相手を引き出すという過程です。相手の打ちを待っているのではなく、強い攻めで圧力をかけて打たざるを得ない状況をつくるか、相手に〝この機会なら打てる〟と錯覚させて打たせるか、いずれかの状態をつくります。

出ばな技は相手が前に出てきますので、大きく踏み込んで打つ必要はありません。ただし、出足を鋭く打たなければ有効になりにくいので、相手が出てくる距離に応じて鋭く踏み込む必要があります。

出ばな面は、一般的に表から打ちますが、相手の状況によっては裏から打つこともあります。どちらも相手の中心を制しておき、まっすぐに打ちを出すことを意識すると正確に打突部位をとらえることができます。また出ばな小手は、相手が面を打とうとした瞬間が機会です。相手の面を待って打つと、面の勢いに負けてしまいますので、攻めて相手の打ちを引き出すことが大前提となります。

出ばな小手

出ばな面

技を出し切ったところを打つ　審査で評価される応じ技を身につけるには

技を出し切ったところを打つ技で、代表的な技の一つが応じ技です。昇段審査では面応じ胴、もしくは面返し面を遣う頻度が高くなりますが、審査員が評価するような技を出すことは容易なことではありません。

昇段審査は試合とは違い、いつまでも相手が守りを固めて打ってこないということはありません。必ず技を出してきますが、その大半が面です。予想しての技は「立合での気迫」「激しい攻め合い」などが感じられず、ただ技を出しているに過ぎません。

昇段審査は実力が互格、打つか打たれるか切羽詰まった状況で技を出さなければ審査員は評価しません。そのことを踏まえ、本番で通用する応じ技はいかにして打つのかを考える必要があります。

面応じ胴

審査ではなにをさておき気迫あふれる攻めが大切です。応じ技を出すときも常に先の気迫で相手と対峙し、瞬時に打つことが求められます。

日々の稽古で応じ技を遣った際は、とくに評価される一本であったかを問うことが大事です。元立ちをつとめることも多くあると思いますが、評価される一本を意識して稽古をすることが大切です。

機会をとらえて打つには躊躇なく捨て切ること

素振りにおいて、左足を素早くかつ鋭く引きつけることと、手の内をしっかり締めることが気剣体一致の打突に結びつく

機会に応じて躊躇なく技を捨て切るには、いつでも打てる体勢をつくっておくことです。打てる体勢とは、打てる構え、打てる足です。とくに左足をいつでも打てる状態にしておかなければなりません。

左足の重要性については、過去にも説明していますが、剣道の土台は下半身、とくに左足にあります。素振りや打ち込み、切り返しでは竹刀を振ることに意識がいきがちですが、常に意識しなければならないのはむしろ下半身です。

例えば正面素振りでは、左足を素早くかつ鋭く引きつけることと、手の内をしっかり締めることが気剣体一致の打突に結びつくことは周知の通りです。左足に相当な負担がかかりますが、このような素振りが実戦での一本に結びつくことを実感できるまで振り込むことが重要になります。

切り返しや打ち込みにおいても、打突中などいつでも左足を整え、かつ瞬時に打てる体勢をつくることが大切です。しかし、言うは易く、行なうは難しで左足が遊んでしまうことがよくあります。

左足を整えることは心がけ次第で必ず改善されます。人間は加齢とともに体力が落ち、足はとくに衰えやすくなります。常に左足に負荷をかけ、踏み切り足である左足を鍛えることを意識することが重要です。

講義11

効果的・効率的な稽古法を考える

限られた時間を有効活用するには稽古法を精査しなければならない

剣道の稽古は、準備体操、体の運用、素振り、打ち込み、切り返し、掛かり稽古、互格稽古など初級者から上級者まで文字に表すとほぼ変わりはありません。若年層では道場を縦に使った追い込み稽古をよく行なっていますが、これも切り返しや打ち込み稽古の応用です。稽古法について独自性が高いものはほとんどないというのが剣道と言えます。

剣道には武術性・芸術性・競技性の三つの柱が必要であり、昇段審査にも必要不可欠

では、どこで差がつくのかと言えば、一つ一つの稽古はなにを目的とし、どこに注意をしなければならないのかという内容の追求だと考えています。しかし、内容の追求といっても、なかなかイメージがわかないと思いますので、良い指導者について学ぶことがなによりも大切です。

とくに昇段審査は、その段位にふさわしい剣道を身につけていなければなりません。審査員の着眼点として有効打突は重点項目になることは間違いありませんが、その段位にふさわしい攻め方、打ち方、身のこなし方などを表現できなければ、いくら打突部位をとらえたとしても、なかなか評価されません。段位にふさわしい剣道ができているのかを評価するのは審査員です。審査員が認める剣道を表現するには、日頃から自分が合格に向かった正しい稽古ができているかを確認・検証・修正していかなければなりません。段位が上がり、加齢とともに学ぶ機会は少なくなってしまいがちです。いまは求める気持ちがあれば学ぶ機会はつくれるはずです。稽古回数を増やすことと同じくらい、学ぶ機会をつくることがめざす段位が高くなればなるほど必要になります。

剣道には武術性・芸術性・競技性の三つの柱が必要であると紹介しましたが、昇段審査にも必要不可欠です。武術性の持つ激しさ、芸術性の持つ美しさ、そして競技性として相手より優れていること。この条件を兼ね備えた立合ができれば、評価はおのずとついてきます。

日頃の稽古では、だれからも評価される剣道を身につけるよう、努力を重ねていかなければなりません。昇段審査は、機会に応じて打ち切ることが求められます。同格の相手、しかも緊張感が極限のときに、そのような一本を出すには、まずは正しい構え、正しい竹刀操作ができなければなりません。

〝なんだ、そんな単純なことか〟と思うかもしれませんが、自分では気がつかない欠点を修正しなければなりません。欠点は、錬度が上がれば上がるほどわずかです。この僅かな欠点に気づき、修正を繰り返すことが、成長の鍵となります。

1回の稽古時間は約60分から120分程度だと思います。その中で、だれもが認める一本を打つためには、どのような稽古を実践すれば良いのかを考えたいと思います。わたしが指導している稽古会で実践している内容を併せて紹介します。

勢いのある構えをつくり、終始その構えを維持することをめざす

稽古を行なう際、体の運用、素振り、切り返し、打ち込み、互格稽古など、すべて同じ構えを維持できているでしょうか。わたしを含め、常に同じ構えを維持することはとても難しいことですが、自分の理想の構えをつくったら、その構えを終始崩さずに稽古をすることが大事です。

構えは胸椎と尾てい骨を伸ばし、頭で天井を支えるような気持ちで目線を一定にすること、と普段から指導しています。そして「打つぞ、突くぞ」という勢いのある生きた実戦的な構えをつくるために、左右の足の重心を左49・5％、右50・5％、わずかですが、右足にかけるようにします。この感覚は自得するしかないのですが、右足の踵をわずかに上げ、右足の指で床をつかむようにします。こうすることで左足のひかがみがほどよく張り、いつでも打てる構えになります。

この足構えは、両足に相当な負担がかかります。しかし、機会に無理・無駄なく技を出すにはこの足構えが必要です。稽古で常に心掛けておきたい重点事項です。

また、小手を着けると変わりやすくなってしまうのが手の内です。左手の小指は柄頭いっぱいに握り、小指・薬指・中指の順に締めながら鶏卵を握るようにします。親指と人差し指は軽く握る程度です。右手は鍔元を左手と同じ要領で添える感じで握りますが、素手で素振りをしているときは正しくできていても、剣道具を着けると鍔元から右手を離して握ってしまうなど、自分の握り

勢いのある生きた実戦的な構えをつくる

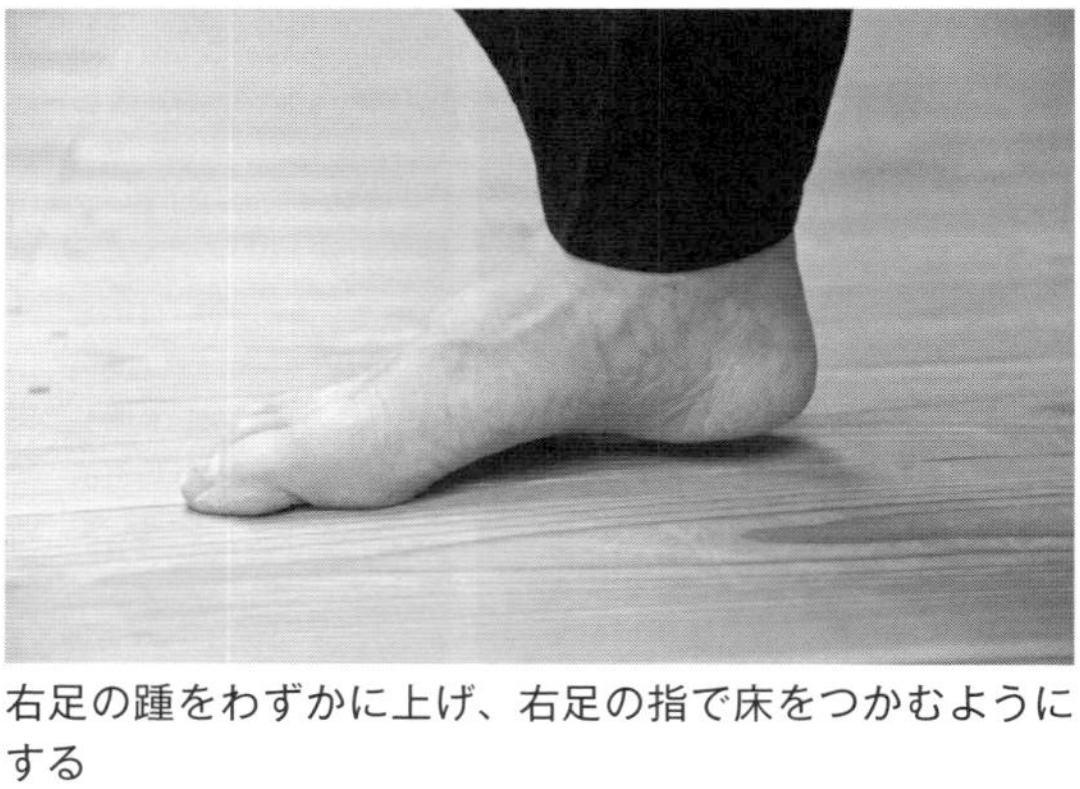

右足の踵をわずかに上げ、右足の指で床をつかむようにする

小手を着けると変わりやすくなってしまうのが手の内

やすいように竹刀を持ってしまうことがよくあります。

剣道が正しさを常に求めるのは、理法があるからです。夢中で稽古をすると、竹刀の握りのことは忘れてしまいがちですが、確認することを怠らないようにします。自分の稽古を映像で見るときは、必ず確認したい項目です。

素振りは体の運用と合わせて行ない、常に勢いのある構えを維持する

指導している稽古会では、前進面や前進後退面、左右面など7種類から8種類行なうようにしています。どれも教本に載っている内容ですが、集団で素振りを行なうときは、素振りを終えたあと、体の運用を行ない、正しい足構えを意識させるようにしています。方法はとても簡単です。一定の本数を振り終えたあと、中段の構えに戻り、そこから前進後退や左右など複数回、体の運用を繰り返すだけです。

この素振りを実施している稽古会の主な参加者は40歳以上の六

段・七段クラスです。素振りを終えたあと縁を切らずに体の運用を繰り返すことで、終始、気持ちを切らないことを習慣づけることも狙いの一つとしています。審査時間はおおむね八段で2分、七段で1分半、六段で1分です。わずかな時間と感じがちですが、この時間で、自分のすべてを出し切るには、想像以上の集中力が必要です。

正しい足構えを身につけるために素振りを終えたとき体の運用を行なう

振り上げたとき、なるべく構えたときの腕のかたちを維持して素振りを行なう

素振りをする際、とくに心がけたいのは振り上げたとき、なるべく構えたときの腕のかたちを維持することです。維持した状態で竹刀を振り上げれば、おおむね振り上げる角度が45度となり、物打ちに力が入った振り下ろしができます。正しく振り上げることができなければ、正しく振り下ろすことはできません。最初は上半身のみの動作で行ない、その後、下半身の動きと合わせて素振りをすることで円滑な動作を覚えることができます。

足腰を鍛える腰割り素振りと足の踏みかえ素振り

素振りは単純な動作の繰り返しですが、この単純な動作を繰り返すことで実力がつきます。しかし、有効打突の条件を意識して、しっかり打ち切らなければ単なる運動となってしまいます。素振りを惰性で行なわないようにするために、本数は少なく、種類を多くする方法があります。

1種類の素振りを50本行なうのではなく、5種類の素振りを10

腰割り素振り

本行なうことでいつも新鮮な気持ちで集中して振ることができます。素振りのポイントは一振りごとに風を切る音をさせ、手の内を効かせることです。剣道は一撃必殺で仕留めることが大事ですので、力強く振ることを覚えます。

また、剣道は体幹を鍛えておかないと、力強い打ち切った一本を打つことができません。その意味で取り組みたいのが腰割り素振りと足の踏みかえ素振りです。

腰割素振りは足を広げ、その場で腰を落としながら振ります。竹刀が床と水平になる振り方と、上下振りのように剣先を落とす振り方があります。両足を広げ、腰を落としながら振ることで、足腰に負荷をかけ、下半身を鍛えます。正しい姿勢で竹刀を振り上げ、振り上げた姿勢を維持したまま腰を落としながら振り下ろします。

一方、足の踏みかえ素振りは、足を前後に踏みかえながら面を打つ方法と横に開いて踏みかえながら面を打つ方法があります。いずれも下半身に負荷をかけるものです。疲労が蓄積すると姿勢が崩れやすくなりますので、下腹に力を入れ、常に姿勢を崩さないようにします。

足の踏みかえ素振り（前後）

足の踏みかえ素振り（横）

講義12

評価される面、評価されない面

左足が残り、左手が中心から外れた面打ちは評価されにくい

昇段審査は限られた時間で自己を表現しなければなりません。その段位にふさわしい剣道ができているか否かを評価する総合評価ですが、受審者は総じて打突部位を捉えたか否かに目がいきがちです。たしかに打突部位を捉えることは大事ですが、問題は打ちっぷりです。

評価される面打ちは右足・腰始動の打突

『木刀による剣道基本技稽古法』の基本1で示しているように、面打ちは右足・腰始動で行ない、打ったときの左手が身体の中心に納まっていなければなりません。この打ち方を、剣道具を着けたときも同じように行なわなければなりません。

一足一刀の間合から相手が見える位置まで振りかぶり、踏み込み足で打つとき、実戦的に小さく打つときも身体が前傾し、左足が残り、左手の位置が変わってしまうことがよくあります。高段位をめざすのであれば、日頃の基本稽古ではとくにこのことに注意して行なうことが大切と考えています。

基本稽古で身につけたものを、地稽古などで試し、自分の理想とする打ち方ができているかを確認します。立合は相手がいます。こちらの意図通りに終始行なうことは簡単なことではないと思います。

とくに昇段審査は同格で行なうものです。過去、手合わせしたことのある受審者と立ち合うことも少なくありません。そのなかで会心の一本を打つことが求められます。

全国審査をめざす受審者で構えに難がある方はほとんどいません。しかし、構えが立派でもいざ打突動作に移ると、なかなかうまくいかないのが剣道の昇段審査です。

では、具体的にどのような面打ちが評価されるのかと言えば、右足・腰始動の打突です。腰の入った打ちで、高段者にはそれが求められることは想像に難くないでしょう。

八段にはさらに風格など、最高位にふさわしい剣道が求められます。その原点となるのが、構えです。構えは胸椎と尾てい骨を伸ばし、頭で天井を支えるような気持ちで目線を一定にすること、と普段から指導しています。このような構えが維持できれば、自然と腰が入った打ちにつながります。腰が入った打ちができれば、打突姿勢が美しくなります。

普段の稽古を動画で撮影し、それができているかを確認し、修正箇所があれば矯正していくことが大切です。

左手を効かせ打突部位に力が集約する打ち方を覚える

左手を中心から外さないために、構えた位置から柄の中心を支点にしたテコの原理を使った振り方を身につけること

昇段審査で失敗してしまう原因の一つは、間合を間違ってしまうことです。具体的には打ち気に逸って届かない間合から飛び出してしまう、また届いたとしても姿勢が崩れた状態で正しい打突動作ができていない状態などです。

面を打ったとき、左手の位置が中心から外れて打ちが弱くなります。このような打ち方を何度も繰り返しても評価はされにくいので、左手が中心に正しく納まった打ち方を身につける必要があります。

左手を中心から外さないために、わたしは構えた位置から柄の中心を支点にしたテコの原理を使った振り方を身につけるようにすすめています（手首と肘を使う）。

方法はいたって簡単で、左手の高さに注意しながら柄の中心を支点にしたテコの原理を使って素振りをするだけです。これを繰り返すことで、打ったときに左手の位置が必要以上に上がり過ぎないようにします。

この素振りの感覚を維持し、実際に面を打ちます。左手の位置が中心に納まった状態で鋭い面打ちになります。

左手の位置が中心に納まった状態で鋭い面を打つ

小さく鋭く打つなかで打突力が必要不可欠

実戦では小さく鋭く打つことが求められ、わたしもそのことを指導しています。しかし、小さく鋭く打つとはいえ、いわゆる刺し面的な打ち方では評価されにくいと思います。

正しい面打ちの右手左手の関係は、右手は肩の高さ、左手は鳩尾の高さです。この打ち方を身につけるためには、竹刀を振り上げ、振り下ろすという単純な動作が当然必要です。

しかし、実戦ではこのような単純な動作で有効打突を決めることは困難です。有効打突にするためには、小さく鋭く打つなかで打突力が必要不可欠です。そのためには左拳が顎付近まで上がった打ちが理想です。

自分の打ち間を理解せず、必要以上に遠い間合から打とうとすると、姿勢が崩れてしまいます。自分の打ち間を理解し、その間合までしっかりと攻めて詰めていくことが実戦では必要になります。

間合を詰める際は、剣先で相手の竹刀を表から抑える、裏から抑えるなどし、同時に右足、左足を緻密に詰めて間合を図ることが大切です。その過程で相手が打突してきた場合には出ばな技で対応することが理想です。

有効打突にするためには、小さく鋭く打つなかで打突力が必要不可欠

本番は無意識、稽古は意識して課題解決につとめる

わたしが指導する稽古会では、面打ちは右足・腰始動で行ない、左手の位置が中心に納まる打ち方を習得することに重きを置いています。ただ面を自由に打つのではなく、本番で通用する面打ちはどのように打つのかを理解して行なうことで、稽古の質が上が

っていくと考えています。本番で技が決まるときは、身体が自然に反応して打っていることが少なくありません。このような状況をつくるには日頃、意識して自分のめざす剣道に近づく努力を重ねるしかありません。

崩れずに打てる間合を身体で覚え、その入る過程で相手を攻略することが必要です。入る過程で力むと自分が崩れてしまいます。剣先の攻防で中心を取ることは重要ですが、右手・右肩で中心を取りにいけば、右半身に力が入ってしまい、有効打突につながりにくくなります。

竹刀操作や体の運用は左半身（左手・左腰・左足）を中心に行なうことを頭では理解できていても、打たれずに打ちたいという気持ちが強すぎると右半身に力が入ってしまいます。面打ちも右半身に力が入ると竹刀をかつぐような軌道となり、最短距離で打つことができません。姿勢を崩さず、最短距離で打てるように日々の稽古で心がけてください。

日々の稽古では姿勢を崩さず、最短距離で打てるように努めること

講義13 先がかかっていないと指摘されたら…

攻める気持ちが相手に伝わったとき、五分の均衡が崩れる

六段・七段・八段の京都審査会が終わりました。八段審査合格者は1日目が2人、2日目は3人という結果に終わりました。審査員として担当した会場の立合をすべて見させていただきましたが、互格の状態から技を出してしまうことが多く、いわゆる攻め勝った状態から技につながるような遣い方が少なかったように感じます。

日頃の稽古では「打つぞ、突くぞ」という強い意思のもと、相手を動かすことを心がけること

審査では先をかけて攻め続け、攻め勝って相手を崩して引き出して遣うことにより打突の好機が生まれます。だれもがそのことを理解し、日々の稽古に臨んでいると思います。しかし、審査は同格が相手であり、段位が上がるほど実力が拮抗していきます。そのなかで合格を手にするには相当な努力が必要になりますが、まずは自分がするべきことを地道に準備することが大切になります。

「先がかかっていない」「主導権をとりきれていない」という受審者に対する指摘はよくあります。映像を見返すとそれを理解できますが、では、これをどう改善していくかはとても難しい問題です。

攻めは、有効打突に結びつけるために、構えの五分五分の均衡状態を打開し、打突の機会を見出すものです。打突の機会をつくるには、主体的かつ積極的に隙を求め続けることです。わかりやすく言えば攻めること、攻撃するという意思を発信し続けることだと思うのですが、発信し続けても伝わらなければ均衡状態は崩れません。

日頃の稽古では「打つぞ、突くぞ」という強い意思のもと、相手を動かすことを心がけることが大切です。「気は先、技は後」と言われていますが、元立ちを務める機会が多くなると、どうし

ても待って打つようになってしまいがちです。それを防ぐためにも、技が発動される前段階にある気で優位に立つ、気攻めで勝つということを意識することです。左足はいつも打てる状態にしておかなければならず、相当負荷がかかると思います。

単調に技を出さない。技の使い分けで隙を作り出す

同格の相手に正面を狙った面技だけで勝負してもなかなか通用しない。小手、突きなど技を使い分けることで幅が広がる

　実戦で攻め合うとき、間合を詰める過程で相手がこちらの攻めの圧力に屈して大きく崩れることはまずありません。いつでも打てる状態をつくり、「打つぞ、突くぞ」という気構えで機会と感じた瞬間に打ち切ることが大事です。

　日頃、面技を主体に稽古を重ねているとは思いますが、同格の相手に正面を狙った面技だけで勝負してもなかなか通用するものではありません。単調に技を出さないことが必要不可欠です。面は打突部位としては正面、右面、左面があります。これを使い分けるだけでも、相手の心をゆさぶり、打突の機会をつくることにつながると考えています。また、面を防ごうと思うと手元が浮きます。手元が浮けば小手を打つ機会です。反対に小手を防ぐときは手元が開きますので、そこに突きや面を打つ機会が生まれます。実戦では読み合いも重要な要素となります。

相手の得意技はなにか、どういう手順で攻めてくるのか、どのような形で打ってくるのかを瞬時に判断して最善の方法を考えなければなりません。相手も同じように考え対峙していますので、読ませないようにすることの方法の一つが、技の使い分けです。一本にできる技を日頃の稽古で増やすことが大切です。

自分の得意技を効果的に打ち込むための方程式をつくる

だれもが自分の得意技を持っていると思いますが、得意技を確実に一本にするために重要となるのが〝いつ打つか〟です。初太刀に得意技で勝負することもありますが、その初太刀を出すまでに緻密な攻めがなければ成功しないのは周知の通りです。得意技

自分が得意技を打ち込むための方程式を二つは用意していることが理想

を効果的に打ち込むための方程式をつくることが必要になります。剣道の場合、相手がいるので容易なことではありませんが、ただ場当たり的に技を出していても向上は望めません。

単純な例でいえば小手を決めたいのであれば手元が浮いた状態をつくらなければなりません。浮かせ方は面を避けさせる、打ち気を引き出すなど様々な状態がありますが、大事なのはその状態を主体的につくることです。

面を避けさせたいならば、本気で打ちにいかなければ、相手は反応しません。簡単なことではありませんが、めざす目標が高くなればなるほど、自分の引き出しを多く持っておかなければなりません。

相手によっては通じない技もあります。面と小手の使い分け方、面と胴の使い分け方など自分が得意技を打ち込むための方程式を二つは用意していることが理想です。

剣道は基本と応用の繰り返し。土台づくりを怠らないこと

方程式をつくり、そのイメージを実現するためには土台づくりが必要不可欠です。本企画で左足の重要性について繰り返し述べていますが、瞬時に打てる構えをつくるには左足を鍛えること、正しい竹刀の握りをすることです。これらは素振り、打ち込み、切り返しの反復でつくることが大切です。この土台をベースに実戦という応用に取り組まなければ、成功は手にできません。

陸上競技で走るタイムを縮めることや跳ぶ距離を伸ばすにはフォームの改善が必要ですが、フォームを改善するにも、それを実現するだけの基礎体力がなければなりません。剣道もまったく同じで、いくら得意技を打ち込む方程式を考えたとしても、それを表現できるだけの基礎・土台ができていなければ絵に描いた餅と一緒です。

一般愛好家の稽古時間は正味1時間が大半だと思います。素振り・足さばきに10分、基本打ち20分、互格稽古20分、残り10分で立合稽古を行なうことができれば、充分な内容だと思います。素振りは準備運動ではなく、空気を切る素振りを真剣に50本は行ない、基本打ちでは左足を遊ばせないようにします。1時間の稽古では基本稽古30分、応用稽古30分を常に意識してください。大人の稽古会ではどうしても互格稽古が中心になりがちです。そのような稽古会でも稽古前後に素振りや足さばきを行なう時間はあるはずです。

重要なのはこの1時間の稽古をどれだけ増やすことができるかです。質を上げることはもちろん大切ですが〝剣道は面数〟と言われているように、稽古回数を増やす努力も必要です。家庭があ

っての剣道ですから、無理をしてはいけませんが、怪我に注意をしながら稽古量を増やす工夫も行なってください。

土台づくりに欠かせないのは素振りと足さばきの稽古です。この稽古は道場に行かなくても毎日実施できます。素振りは1日50本、足さばきの稽古も多くは時間を要しません。剣道と向き合う時間は毎日つくることです。

応用の下支えする土台づくりに欠かせないのは素振りと足さばきの稽古だ

講義14
小手技・胴技の効果的な活用法

本番で評価される小手や胴を打てないのはなぜか

剣道の打突部位は面・小手・胴・突きです。面は4つの打突部位のなかでもっとも遠い距離にあり、めざす段位に相応しい面打ちを日々の稽古で身につけておくことが重要になります。打突部位に優劣はありませんが、面技を基軸として技の組み立てをすることで相手を攻略することが定石と言っていいでしょう。

胴や小手は意識して狙ってしまうことが昇段審査では散見される

本番では無意識のうちに技を出すことが求められます。無意識に出した技がもっとも評価されやすく、その最たる技が出ばな面だと思います。出ばな面は狙って簡単に打てる技ではなく、強い攻めで圧力をかけ、その結果、相手が動こうとした瞬間を捉えるものです。自然に発した技ですので、大きな評価が得られると考えています。このような気持ちでどの技も使えることができれば同様の評価が得られると思うのですが、胴や小手は意識して狙ってしまうことが昇段審査では散見されます。

とくに審査では初太刀に面を出す確率は極めて高く、それに対して抜き胴や返し胴を狙う受審者がいますが、狙って打っているので、攻めて引き出すという剣道のもっとも大切な部分が感じ取れません。抜き胴、返し胴の応じ技は、応じながら出す技ですが、先人は「反射で打て」と教えることもありました。閃いたときには身体が反射して打っていなければ有効打突につながるような技は出せないという教えだと理解しています。小手や胴を打とうと思ったときは、総じて劣勢になっていることはよくあることです。

本連載でも何度か紹介していますが、技はどこを打つかより、いつ打つかです。機会に応じて技を選択することであり、それには攻めの工夫がもっとも大事です。小手や胴であっても「攻める」「溜める」「打ち切る」という手順を踏むことができれば無意識の技が冴えると思います。このような技があれば、相手より有利に立つことが可能となるはずです。

平素の稽古では仕かけ技の面に磨きをかける

小手の機会は相手の剣先が上がったところと開いたところです。一方、胴の機会は手元が浮いたところです。これらの機会は、相手が面に脅威を感じて崩れたところとも言えます。

よって効果的な小手や胴を打つ土台として面打ちの稽古を欠かさないことです。「打つぞ」という気持ちで気剣体で相手に圧力をかけ、手元がわずかでも動けば面を放つイメージで面打ちの稽古を繰り返します。この鋭い面打ちが脅威となり、相手が打ち気に逸ることとなり、出ばな小手や応じ胴を出す機会が生まれると考えています。

鋭い面打ちを身につけるために、まずは地道に素振りを励行することが大切です。毎日、道場に立って稽古をすることはできなくても、素振りは実施できるはずです。本企画で何度か紹介している空気を切る「ブシュ」という音をさせる素振りを集中して実施してください。

空気を切る素振りを励行する

面を打ったとき、左

手の位置が中心から外れると鋭さに欠けます。技の稽古を通して左手が中心に正しく納まった打ち方を覚えることが大切です。この打ち方を実戦でもできるようになると、面技が鋭くなり、その技が布石となり、相手より優位に立てます。

鋭い面打ちが脅威となる

一寸の見切りをイメージして瞬時に胴を打つ

胴を打つとき、自分から跳び込んでいく打ち方をすることは評価を得にくいはずです。相手に圧力をかけ、相手の不用意な技を引き出し、そこに抜き胴、もしくは返し胴を打つことが評価につながります。このとき、姿勢を崩さずに打つには、優位に立った状態で相手の打ちを引き出すことが必要不可欠になります。

かつて熊本には神尾宗敬先生（範士九段）という先生がいらっしゃいました。国士舘専門学校のご卒業で熊本県警察の師範をつとめていらっしゃいました。熊本には振武館という伝統ある道場があり、神尾先生が元立ちをつとめるとき、柔道場のすぐ右横に立って稽古をされていました。1メートルも横に動けば畳の上に乗ってしまう位置です。

神尾先生はその狭いスペースのなかで巧みに返し胴を打っていらっしゃいました。わたしも含め、掛かり手が果敢に面を打っても姿勢を崩すことなく相手の技を見切って胴を打っていらっしゃいました。無理無駄のない打ち方で、まさに〝一寸の見切り〟を用いての胴打ちでした。

稽古では正しい姿勢を意識し、姿勢を崩さずに相手を誘って打つことを常に心がけることが大切です。

一寸の見切りを意識して胴を打つ

相手に圧力をかけて一瞬の隙に出ばな小手を打つ

相手の剣先が、打とうとして上がった瞬間をとらえるのが出ばな小手です。出ばな小手は打とうとする気持ちが強すぎると手先だけを伸ばしてただ当てるだけの打突になってしまいます。このような打ち方は姿勢が崩れやすくなり、打突部位をとらえたとしても評価されにくいものとなります。

出ばな技は、相手が「打とう」と意識が起こったところをとらえる技です。それが手元の動きや剣先の動きなどに形の変化として現れることもあります。出ばなを無理無駄なくとらえるには常に先を取って仕かけていく充実した状態を保っておかなければなりません。打突部位は定めず、相手の変化に無意識のうちに打てるのが理想です。

熊本でかつて巧みな小手を遣ったのは石原勝利先生（範士八段）です。熊本県でながく教員を務め、退職後は熊本武道館館長を務めていらっしゃいました。

わたしは熊本武道館で幾度となく稽古をお願いしています。表から剣先で制し、相手の手元が浮けば小手、居つけば面と上下の技を使い分けていらっしゃいました。上下の攻め、表裏の攻めを使い分けることの大切さを、その時、学びました。

出ばな技は、相手の変化に無意識のうちに打てるのが理想

講義15
稽古ができないときに考えたいこと

怪我や病気で稽古ができないときは竹刀を抱いて寝る

剣道は何歳からでも始めることができ、年齢や錬度に応じた課題もあり、生涯にわたって取り組むことができることが大きな特徴です。

腰の手術から２年後の第８回全日本選抜剣道八段優勝大会で復活の３位入賞を果たした

わたしは熊本県宇土郡三角町（現宇城市）の出身であり、剣道は郡浦小学校4年生のときに小学校のクラブ活動で始めした。九州学院高校、明治大学、さらに熊本県警察で剣道を続けることができ、熊本県警察退職後も剣道を基軸とする生活を送ることができ、本年で57年が経ちました。

剣道を半世紀以上にわたり続けることができましたが、長く続けていると剣道ができない時期がだれにもあると思います。発生した新型コロナウイルス感染拡大における稽古自粛および中止は社会的要因であり、どうにもならないことでした。

剣道継続が困難になる個人的な理由としては健康上の理由、そして仕事上の理由があげられると思います。わたしも53歳のとき、脊椎狭窄症とヘルニアを改善するために腰の手術をし、約2年間、思うように剣道ができませんでした。

腰の手術をしたのは平成20年、第6回全日本選抜剣道八段優勝大会のあとでした。腰の痛みがピークに達し、前日の稽古も思うようにできませんでした。5月の京都大会もキャンセルして手術をしたのですが、術後、感染症にかかってしまい、さらに3ヶ月の入院を余儀なくされました。

腰の手術は感染症にかかるリスクがあり、術前にその説明を受けていました。腰の出術は成功したのですが、術後数週間後くらいから腰に痛みが出るようになり、素振りをすると痛くてたまらなくなりました。ふたたび病院に戻り、検査をすると背骨の中に膿がたまっていることがわかりました。これが感染症です。抗生物質で除去するしかなく、15週間かかって結局、9月に退院したのですが、こんなにも剣道から離れたことはなかったので、これで一生剣道ができなくなってしまうと落ち込みました。ただ、腰を治癒するには無理は禁物でした。

退院したあとも稽古は控え、1日1時間歩くことから始めました。稽古を再開したのは平成21年2月からだったので、約10ヶ月稽古から離れていたのですが、このとき思ったのは稽古から離れても、剣道から気持ちを離さないことでした。

2月から剣道を再開し、地道に稽古を続けました。翌年の第8回全日本選抜剣道八段優勝大会で3位入賞を果たすことができたのは、剣道から気持ちを離さなかったことが大きな要因と考えています。

この経験があるので、いま怪我などで稽古ができていない方から相談を受けたとき「稽古ができないときは竹刀を抱いて寝なさい」と助言するようになりました。気持ちだけは剣道から離れないという意味です。

打ち合うだけが稽古ではない。五段階で稽古を設定する

新型コロナウイルス感染拡大の影響で、これまで普通に稽古を続けてきたことが、普通ではなかったことに我々は気づかされました。コロナ感染拡大から2年が経ったいま、少しずつ稽古環境が整いつつありますが、剣道から気持ちを離さないためになにができるのかを考えることが大切です。道場に立って稽古ができないとき、自分の剣道を向上させるためになにができるのかを考えました。仮に「剣道具を着けての稽古」を第一段階とすると、「道場での一人稽古」を第二段階、「剣道着・袴に着替える」を第三段階、「ジャージでトレーニング」を第四段階、「仕事」を第五段階ととらえることができると考えました。後述しますが、わたしも仕事に集中せざるをえない期間がありました。

トレーニングや仕事の合間に、剣道向上のためになにができるのかを考える必要があります。フローリングがあれば素足で足さばきの稽古はできます。自粛期間は自宅を素足で歩いて足腰を鍛えていました。板張りがなければ公園でシューズを履いて足さばきの稽古はできます。色々工夫をすれば道場に立つことができなくても稽古はできるのです。とくに第四、第五段階で剣道から離れない自分をつくっておくことが大切です。

フローリングがあれば素足で足さばきの稽古はできる

与えられた環境の中でなにができるのかを考える

現状に不満があるとき、環境を変えることでそれを打破することができると言われていますが、実際に環境を変えるとなるととても難しいことだと思います。

いま一般社会人で剣道を続けている方々は、余暇を活用して稽古に取り組んでいるはずです。優先順位は仕事や家庭であり、その土台が安定しているから稽古ができるのです。

物理的に稽古ができないときは、とにかく足腰を鍛えておくことです。わたしはいまでも電車に乗るときは椅子に座らず、踵を上げてそれを維持するようにしています。

自宅は天井が低いので立って素振りをすることは難しいかもしれませんが、蹲踞をした状態でなら素振りをすることはできます。無理は禁物ですが、足腰を鍛えることができ、一石二鳥です。素

立礼から蹲踞を繰り返すことで足腰が鍛えられますし、礼法の雰囲気も変わってくる

振り用の木刀を短くカットすれば天井に剣先をぶつけることなく素振りはできるはずです。立礼から蹲踞を繰り返すことで足腰が鍛えられますし、礼法の雰囲気も変わってくるはずです。

大事なのは現状に嘆くのではなく、なにができるのかを自分で探すことです。わたしは何ができるのかを書き出しましたが、意外と多くあるものです。

仕事に没頭するために稽古から離れた1年間

平成12年11月、わたしは46歳で八段に合格することができました。八段に1回で合格することを目標に稽古を重ねていたのですが、43歳のとき大きな転機が訪れました。

警察学校勤務から熊本北署に移り、1年後、今度は芦北署に転勤になりました。警察学校時代は剣道などを教える仕事をしていましたが、熊本北署、芦北署は一般警察官として職務にあたることになりました。

芦北署では地域・交通課長という職務を与えられたのですが、22歳で熊本県警察に採用されて以来、約20年間、剣道を中心とした生活を続けていました。八段審査を控えていたものの、地域・交通課長という職務をまっとうするには仕事に専念するしかないと覚悟し、芦北署に赴任してから約1年間は剣道をほとんど行ないませんでした。審査に対する不安はありましたが、いまは仕事を最優先にして取り組み、やるべきことをやり抜こうと考えました。

46歳になる11月に八段を受審することは決まっていましたので、45歳になった1月から稽古を再開しました。しかしながら、芦北署は熊本市内から約100キロのところにある小さな警察署です。署員は約30人でした。

毎週水曜日に芦北で1時間ほどの稽古会はありましたが、相手は数人で週によっては1人か2人のときもありました。稽古を再開したときは足が出ません。打ってはみるものの、打突部位まで届かないのです。

まずは足を戻すことが肝心と考え、空き時間をみつけては送り足や踏み込み足の練習を繰り返しました。道場に上がれないときは近くの小学校のグラウンドに行き、ダッシュと素振りを行ない、足腰の強化につとめました。

わたしが本連載で繰り返し足腰強化の重要性を指摘しているのは、この経験があったからです。剣道具を着けての基本稽古の際、すり足を長く行なうようになったのもこの頃です。

このような環境下でも稽古をあきらめずに取り組むことができたのは「八段に1回で合格する」という強い信念があったからで

平成12年11月、目標としていた八段審査に１回の挑戦で合格

す。

昇段審査は剣道を続ける者にとって大きな目標です。そして目標を達成するにはたゆまぬ努力が必要となります。いま、わたしの目標は自分の剣道を高めることと同時に、目標達成に向けて努力を続けている方々のお手伝いをすることです。

道場に立つことができなくても剣道の稽古はできます。強い信念をもってやり切る熱意がなによりも大事です。

わたしも怪我をしたとき竹刀を抱いて寝て、ふと目をさますと、自然に素振りをしていました。

講義16　突きも技の一つである

突き技を磨いて未来を切り開いた特練員時代

突きは四つの打突部位のなかでもっとも部位が小さく、試合等で有効になることが少ない技です。中学生までは安全性の観点から禁止されており、稽古をする機会も他の技と比べると少ないと思います。しかし、「隙があれば突く」という気持ちで攻めることが重要であることは周知の通りです。

わたしが突き技を本気で身につけたいと思ったのは熊本県警察に入ってからです。警察剣道で大成するには攻撃的な剣道、すなわち突きから崩す剣道を身につけなければならないと痛感しました。剣道は攻め合いにおいて、気持ちで絶対に負けてはいけません。「突くぞ」という突き心を常に持ち、気力を充実させることが大切です。それには確実に有効となる突き技を日頃から磨いておかなければならず、それには数をかけて稽古をするしかありません。

「隙があれば突く」という気持ちで攻めることが大切だが、それには普段から突きの稽古を重ねておくこと

突きの稽古はどうしても遠慮しがちになるものです。特練員時代、そのような気持ちでは本番で通用する突き技を身につけることができないと考え、先輩・後輩に関係なく、とにかく稽古で突きを出すことを申し合わせていました。

稽古を重ねていると本番でも突きが決まるようになり、徐々に〝亀井の突き〟が警戒されるようになりました。一つの技を相手が警戒するようになると他方に隙が生まれやすくなります。

一般の稽古会で突きを遣う機会は少ないと思いますが、まずは申し合わせで突きを稽古する時間を増やすことをすすめます。剣道の打突部位は面・小手・胴・突きの四つしかありません。実戦で使う技は面・小手が中心になりますが、遣う頻度が少ない胴や突きも稽古を重ねることで剣道の幅は必ず広がります。

わたしは昭和61年開催の第34回全日本剣道選手権大会で決勝戦まで進むことができました。このとき、3回戦で東京代表の遠藤正明先生と対戦し、突きを決めることができたことで、剣道人生が変わったと考えています。

遠藤先生は第6回世界剣道選手権大会に出場している警視庁の

主将経験者。一方、わたしは本大会2回目の出場で、全国警察剣道大会で団体優勝を果たしていたものの、個人戦の実績はありませんでした。この舞台で遠藤先生に勝利できたことで、昭和63年（1988）開催の第7回世界剣道選手権大会（ソウル）に向けての強化訓練講習会の講習生に選んでいただき、世界大会出場にもつながりました。

技を出す意識を極力捨て去る。基本は中心を攻めて腰で突く

突きは打突部位が小さいため、突くことを意識しすぎると姿勢を大きく崩してしまいます。よって突きは他の打突部位以上に足で技を出す感覚を持たないと成功しません。

まずは中心を攻めてまっすぐに突くことを覚えます。打突の機会は相手の剣先が下がったところ、開いたところなどです。攻めを施し、相手の剣先を動かし、躊躇なく突きます。

実は自分の剣先を少し低めに構えていれば、その延長上に相手の喉元があります。相手と向き合って中段に構え、間合を詰めていけば、こちらの剣先は相手の喉元に向かっていくことが理解できると思います。ところが、いざ稽古で突こうと思うと上半身に余分な力が入り、正確に突くことができなくなります。

中心を攻めてまっすぐに突く

最初は一足一刀の間合より近い間合から送り足で

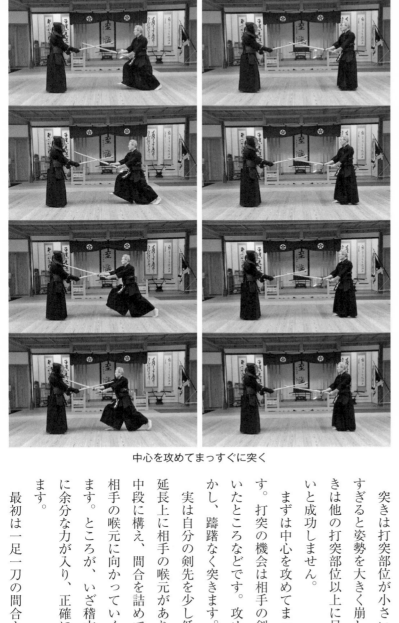

突くことも有効な稽古法です。腰始動で突くことを身体で覚えます。そこから徐々に間合を遠くして、踏み込み足を使って突きます。

突きは、突ける間合に入ることがとくに重要となります。技の稽古では、どこまで入れば正確に突くことができるのかをよく工夫・研究して行なうことが上達の近道です。

突ける状態を左足でつくる。剣先を下げて突く

左足を引きつけ、剣先を下げながら突く

突きは大きく分けて、前述した左拳の位置をほとんど変えずにまっすぐに突く方法、少し左拳の位置を変えて表から突く方法、同じく裏から突く方法、そして剣先を下げながら間合を詰めて下から突く方法などがあります。

どの突き技も身につけておくことで剣道の幅が広がりますが、まっすぐに突くことを基軸とし、次に剣先を下げながら突く、縦のラインを使った技を身につけることをすすめます。

応用として剣先を下げながら突くときは足の運びが重要になります。剣先を下げながら左足を引きつけて間合を詰め、突きを出せる状態をつくっておかなければなりません。この〝突き足〟ができていないと正確に突くことができません。稽古をするときは間合の詰め方、左足の引きつけ方に留意し、突ける状態をつくり、腰で突くことを繰り返します。

剣先を下げながらの突きは、こちらの剣先を表から抑えようとする相手にも有効です。相手が抑えてきた力を利用しながら剣先を下げると、相手の剣先は中心から外れます。その外れたところに突きを出すので、結果として裏からの突きになります。

片手突きは左手の握りにポイントがある

片手突きは突いた瞬間、左手を内側にしぼり込む

片手突きは諸手突きと同じ軌道で竹刀を出していき、動作の途中で右手を離して相手の喉元を突く技です。諸手突きよりも遠い間合から突くことができますが、片手で突くので竹刀の軌道がぶれやすくなります。

片手突きを出すとき、わたしは剣先を下げず、構えたそのままの姿勢から突いています。独自の突き技になりますが、突くときは右足をやや右斜め前に出すようにしています。右足をやや右斜めに出すことで、左腰が入り、左手を十分に伸ばして突くことができます。突いたときは竹刀と左腕が一直線になるように心がけています。

片手突きは突いた瞬間、左手を内側にしぼり込むようにすると中心から外れずに剣先が走ります。左手の握りが正しくできていないと、まっすぐに突くことができません。すべての打突は足腰で行なうことが大切ですが、そこを踏まえた上で突きの場合、とくに大切にしなければならないのは手の内の作用です。

突きは意識してつくらないと稽古をする機会がないと思います。いまは稽古場所に打ち込み台を常設しているところもあるので、一人稽古もふくめ突きを行なう機会を増やすことが大切です。

講義17 審査直前の準備は〝見つめる〟にとどめる

本番直前は自分の〝いま〟をすべて出すことに集中する

わたしは美しく、激しく、理に適った剣道を身につけたいと考え、いまも工夫・研究を重ねています。それを芸術性・武術性・競技性を兼ね備えた剣道と表現しています。日頃の稽古では相手を打つことのみに注目しがちですが、内容の精査が大切になります。日頃は準備運動もほどほどに、わずかな切り返しや打ち込みを経て地稽古へ移るパターンがほとんどだと推測します。打った打たれたはたしかに楽しいものです。しかし、そんな皆さんのほとんどは、日々の稽古の先に昇段審査を見据えていることと思います。日頃の稽古では、自分が理想とする剣道ができているかを確認し、足りない部分があれば修正していくことが必要不可欠です。わたしは指導の際、よく言うのは、自分を「見つめる」ことと「見つめ直す」ことの違いです。昨日は相手を打つことができた、今日は相手に打たれたなど、自分を見つめる作業はほとんどの方がされていると思います。しかし、なぜ打たれてしまったのか、自分が打った技は本当に評価に値するものだったのか、そこまで考えて、見つめ直す意識を持つことが重要と強調しています。

本番前は剣道着や袴、剣道具の確認は必ず行なうこと

しかしながら、本番直前では「見つめる」にとどめておくことが大事です。審査前はあれも、これも気になるのが人間の性ですが、短期間で修正・改善することは不可能です。いままで培ってきた自分の剣道を、自信をもって発揮できるには、どうすべきかに集中するほうが、本番に雑念なく向き合えると考えています。

審査が近づいてきたから特別なことをするのではなく、普段通りに稽古や仕事に取り組むほうがストレスなく過ごすことができると思います。それゆえ、普段の稽古が惰性ではなく、しっかりとした目的意識をもってコツコツと積み重ねていくことが大事になるのです。

わたしが剣道特練員として日本一をめざしていた頃は、1日3回、多いと4回稽古をすることがありましたが、その稽古に必ず意味づけをするように意識していました。

それを踏まえ、剣道着や袴、剣道具の確認は必ず行ないましょう。ほとんどの方が審査用の剣道具などを準備していると思いますが、とくに面紐が長くなりすぎていることがあります。事前に着用し、不備がないかを必ず確認してください。

竹刀については、中結や弦が緩んでいることがあります。それらは審査当日になおすことができますが、心穏やかではありません。

会場に入るまでの道のりを必ず確認する

自宅から会場までの交通手段を調べておく

五段審査までは所属剣連主催で開催しますので、審査会場に初めて足を運ぶということはほとんどないと思いますが、六段以上の全国審査は東京、京都、名古屋の大都市圏に加え、地方都市でも開催されます。初めて訪問する都市ということも少なからずあると思います。

本番で実力を発揮するには、立合に集中できる環境を自分でつくることです。その第一歩が自宅から会場までの交通手段の確認です。なじみのある会場であれば所要時間などを把握しやすいですが、地方審査に行く場合は注意が必要です。

首都圏のように交通網が発達していませんのでタクシーに頼ることもあります。しかし、タクシーもたくさん走っているわけではありませんので、なかなか乗ることができずあわててしまうということがよくあります。

審査前日に宿泊をするときは、宿泊先から会場までの所要時間を事前に調べておくことはもちろんのこと、朝食会場のことなど、必ず確認しておくことが大切です。朝は宿泊客で混み合うこともあり、予想以上に朝食に時間を要してしまうこともあります。

新型コロナウイルス感染拡大以降に開催されている審査会は、受審者以外は入ることができなくなりました。貴重品の管理や道具の管理も自分一人で行なわなければなりません。入場時間なども厳格に定められていますので、コロナ禍での審査に初めて挑戦する方は細心の注意を払うことが求められます。

コロナ前の審査では会場で剣道具をつけて打ち込みや切り返しなどを行ない、身体をほぐすことができました。しかし、現在は感染予防の観点からそれができなくなりました。だれもが同じ条件ですが、いきなり道具をつけても全力を出し切るにはどのようにすべきかを日頃から準備しておくことも大切です。

会場近くにウォーミングアップできる場所があることはほとんどありません。剣道は足が止まってしまうと、打突の機会を与えてしまいます。会場に入るまでにランニングやウォーキングをするなどして足を充分に使っておくことも、有効な手段ではないかと考えています。

会場では無駄口を控える。集中力を切らさないこと

審査当日、会場に入り、受付をすませたらいよいよ審査です。いまは観客席で着替えるようになっていますので、なるべく知人に会わない場所で着替えをすませることをすすめます。

コロナ禍の審査で会話は必要最小限にすることがルールとなり

審査は待機時間が長く、集中力が途切れてしまうことが往々にしてある

剣道具が正しい位置に着装されているかを最後、確認する

ましたが、コロナ前は会場で無駄話をしている人を散見しました。審査は同年代で行なうので、久しぶりに会う知人がたくさんいることは事実です。懐かしい気持ちになるのはわかりますが、あいさつ程度にとどめておくのが賢明です。審査に来たのであって、同窓会に来たわけではありません。壁に向かうなど、なるべく人と目を合わさない工夫も必要だと思います。審査はとかく待機時間が長く、集中力が途切れてしまうことが往々にしてあります。とくに八段審査は一次審査合格後、二次審査まで6時間ほどかかることもあります。緊張が続くと本番で疲れてしまいます。

着替えをすませたら着装を点検します。稽古着・袴は「襟は首、袴は腰の位置」で正しく身につけますが、意外とできていません。袴は新品のものである必要はありません。洗濯されており、袴の襞がきちんとついている状態のものを用意しているでしょうか。

剣道具も正しい位置に着装されているかどうかも見られています。ながく昇段審査の審査員をさせていただいていますが、その中で破損した剣道具や擦り切れた稽古着で受審されている方もいました。危険防止の観点からも好ましくないと思います。また、昨日おろしたような新品の剣道具で受審されている方も逆に目立ちます。ある審査会で、胴乳革がピンと外側に立っている方が見られました。昨日購入し、身体になじんでいない様子で違和感を覚えます。

剣道具を着けた姿というのは、全体として身体、ひいては構えに馴染んでいなければなりません。ぱっと見てどこにも目が留まらず、自然な様子を感じさせ、どことなく品格や強さが滲み出るような立ち姿が理想です。審査に行く前に必ず剣道具を確認することが大事なのはそのためです。

自分の得意技を無意識のうちに打ち切ることができるか

立合で重要なことは得意技が出せるかどうかに尽きると思います。頭であれこれ考えていると遅れてしまい、立合そのものに集中していない証拠です。日頃の稽古では面技を基軸として技に磨きをかけていると思いますが、闇雲に出しても、ただ技を出したにすぎません。

すべての技は「基本動作の正面打ち」の応用です。正しい面打ちができるようになれば、あとはどのような技でも打てるようになりますが、本番は応用です。基本通りにはいきません。機会の見極めがとりわけ重要になります。

例えば出ばなをとらえるとき、一番大事なのは、相手を引き出すという過程です。相手を引き出すためには、相手にこの機会なら打てると思わせるか、もしくは強い攻めで圧し、機会ではない場面で打突をさせなければなりません。

実力が拮抗した相手に有効打突を決めることは容易なことではありませんが、有効打突がないと昨今の昇段審査で合格することが難しいのは周知の通りです。

覚悟を決めて立合に集中し、時間内、余計なことを一切考えず、立ち切ることが大切です。立合時間の感覚は、立合稽古で身につけることができますので、事前に繰り返しておくことも効果的です。

普段の稽古から機会の見極めに注意して稽古を続ける

講義18

審査合格後は気を引き締めて稽古を続ける

油断すると元に戻る。合格後は稽古回数を増やす覚悟が必要

前回は昇段審査に向けての心得をお話ししました。今回は審査合格後の取り組み方についてお話をしたいと思います。

剣道の昇段審査は初段から八段までありますが、何段でも落ちれば悔しいし、合格できれば嬉しいと思うのが自然です。審査に失敗したときは、次の審査に向けて不合格になった理由を分析し、努力・精進するものですが、合格したときはホッとしてしまい、稽古が疎かになってしまいがちです。

わたしは合格したときこそ気を引き締めて次の目標に向かって稽古を重ねるべきと考えています。昇段審査は五段までは47都道府県の剣道連盟で実施しています。六段以上は全日本剣道連盟主催で実施しています。五段合格から5年で六段の受験資格ができます。長いようですが、稽古から離れるとアッという間に受験日が来てしまいます。

審査合格後こそ稽古量を増やすことをめざしたい

剣道は小さな努力の積み重ねで強くなっていくものです。その積み重ねを怠ったり、甘くなったりするとみるみる力が落ちていきます。体力に関しては加齢とともに必ず落ちますが、体力をカバーするのが剣道の総合力です。体力をカバーするだけの技術が剣道の総合力であり、地力です。地力とは『広辞苑』に「その人が持っている本来の力」と記されています。剣道では「あの人は地力がある」「地ができている」などと表現しますが、剣道の総合力が高い人です。

剣道を長い間修行していると相手の動きを予測する力が養われていき、相手がなにをしたいのかを察知できるようになります。年配の先生方が血気盛んな若手剣士を手玉にとれるのは予測する力でまさっているからであり、予測できるから余裕をもって対処できるようになります。相手の動きを読めるから出ばなを打ったり、胴に返したりすることができますが、これらの技術は〝稽古を重ねる〟という土台があることが前提です。

審査前は剣道を最優先に生活を組み立てていますが、審査合格後はためていた仕事に取り組むなど、通常より稽古時間を確保で

きなくなるかもしれません。仕事と剣道のバランスをはかることはとても大切なことですが、そのなかでも稽古回数を増やす努力が必要です。

わたしが八段審査に挑戦したとき、一般警察官としての職務にあたっていましたので、剣道や逮捕術を教える術科指導を担当していたときと比べ稽古量が激減しました。それでも剣道の力を落としたくないと考え、稽古ができないときはランニングや足さばきの一人稽古を続けました。自分の心がけ次第で稽古環境は改善できますので、審査合格後は稽古量を増やすことをめざしましょう。

六段・七段からは元立ちの回数が増える

六段・七段になると地域の稽古会等では元立ちをつとめる機会が増えてくると思います。剣道は段が上がると審判の委嘱を受けたり、合同稽古などでは元立ちをつとめるようになります。

剣道八段に合格すると全日本剣道連盟主催の稽古会で元立ちをつとめることができ、元立ちの機会が格段に増えるのは周知の通りです。

八段合格者が短期間でさらに実力を向上させるのは、元立ちの効用が大きいと考えられる

元立ちは指導者です。基本から外れている剣道であってはならず、「また稽古をお願いしたい」と感じてくれる剣道でなければなりません。わたしは、ただ打たせるのではなく、掛かり手と五分で立ち合い、真剣に打ち合うようにしています。自分勝手に一方的に打ち据えるのではなく、相手の技量を見極め、相手の技を生かすことも大切です。ただ面打ちを繰り返すのではなく、ときに相手を引き出して出ばな小手、返し胴などを遣い、相手に「やはり強い」と感じてもらえればしめたものです。

範士十段の持田盛二先生は「相手が初段なら二段の力で、二段なら三段の力で」と指導者は相手より少し上の実力で稽古をすることが大切だと説きました。一方的に打ち込んでも稽古になりませんので、それをすることが大切ですが、「少し上の実力」で稽古をすることは容易なことではありません。

元立ちは何人並んでもらえたかで価値が決まると考えています。稽古の行ない方を常に工夫・研究することが大切です。

指導稽古はたいてい40分から60分くらい時間を割きますが、元立ちは一人目から最後の人まで同じように相手をできなければなりません。掛かり手はお願いする先生を選ぶことができますが、元立ちは選ぶことができません。どんな相手にも対応できなければなりませんし、それが元立ちの役割です。

八段合格者が短期間でさらに実力を向上させるのは、元立ちの効用が大きいと考えられます。八段は八段相応の稽古をしなくてはならない、という重圧の中で、休む間もなく元立ちをつとめるのは、容易なことではありません。その覚悟が実力向上につながると考えています。

「気は先、技は後」。常に先をかけて打つ稽古に徹する

元立ちは相手の技量を見極めながら対応することが求められます。一方的に打ってもお互いの稽古になりませんが、待って打つ剣道では相手に伝わりません。

どんな相手と稽古をするときも、「突くぞ、打つぞ」という気持ちで攻めます。攻めが通じたときの代表的な例が相手が「打たれるかもしれない」と感じたときです。それゆえ、仕かけ技を基

先をかけて打ち切る稽古を繰り返すことが大事

軸とした技の組み立てが大事になると考えています。

稽古をするときは遠間で対峙し、「さあ来なさい。来なければ打ちますよ。あなたはどうしますか」という気持ちで間合を詰めます。打つことよりも気位で圧するような気持ちで対峙します。遠間からの錬り合いで掛かり手に圧力をかけつつ、掛かり手が居ついたり、待ったときには鋭く攻め込み、捨て切った技を出すのです。ときに引き出して打つこともあります。

段位が上がると、指導的な役割も増え、元立ちをつとめる回数が増えます。技の妙諦は「気は先、技は後」と教えていますので、先をかけて打ち切る稽古を繰り返すことが大事です。技の鋭さは互格稽古や指導稽古のみで養うことはできません。何度も強調しているように基本稽古を必ず行なうことが大事です。

足腰の強化は一生。段位にふさわしい剣道を身につける

剣道の魅力は何歳になっても向上できる可能性があるということだと思います。他の競技であれば競技者として引退したあとは指導者として、後進の指導にあたるだけですが、剣道の場合、自分もさらなる向上をめざして研鑽を積んでいくことが求められます。そこに剣道の大きな魅力があります。

審査に合格したということは、その合格した段位の入り口に立

ったにすぎません。その段位に恥じない剣道を身につけるべく稽古を続けることで、さらなる高みが見えてくると思います。

昇段から八段までの段位の付与基準は『称号・段級位審査規則』（第15条）に記されています。「六段は、剣道の精義に錬達し、技倆優秀なる者」「七段は、剣道の精義に熟達し、技倆秀逸なる者」「八段は、剣道の奥義に通暁、成熟し、技倆円熟なる者」とあります。その文言を頭に入れ、稽古を重ねることが大事です。

これらは抽象的で、どこから手をつけてよいのか迷ってしまうかもしれませんが、わたしは剣道の力を落とさない、さらに向上させるには足腰の鍛錬しかないと考えています。油断するとすぐに衰えてしまうのが足腰です。

人間は年齢を重ねれば、当然体力が落ちていきます。その中でも足は顕著です。しかし、反対に考えれば、足を強化する、強化は難しいにしても維持することができれば、意識している人としていない人の間には大きな差が出てきます。

わたしは日頃から打ち込み稽古の際、すり足を長く行なうことを推奨しています。方法はいたって簡単で、打ち抜けたあと、通常よりも素早く、細かく、長く送り足を行なうだけです。これだけでも負荷はかかります。

また、剣道の足さばきは日常生活で使うことはありません。送り足、踏み込み足、連続技の足遣いは、稽古でしっかり身につけないとどんどん衰えてしまいます。

前述したように足さばきが衰えのバロメーターとするならば、小手面はとくにその衰えが顕著に現れるので、自分がしっかりと小手面を打つことができているか、確認することも有効な方法です。

審査はひとつの通過点であり、剣道修行に終わりはありません。向上心をもって稽古を続けることで、新しい課題も見つかるはずです。それが剣道の魅力であり、明日への活力となります。

足を強化する、強化は難しいにしても維持することができれば、意識している人としていない人の間に大きな差が生まれる

講義19

逆算の基本稽古を実践するには

審査は応用。基本と応用をつなげるにはなりたい自分を明確にする

剣道の稽古法については独自性が高いものはほとんどありません。それゆえ、日々の稽古をどのような気持ちで取り組み、実践すべきかを述べてきました。本連載も残すところ数回となりましたので、復習の意味を込めて、稽古の取り組み方を考えてみたいと思います。

今回のテーマを「逆算の基本稽古」とさせていただいたのは、自分が身につけたい剣道を具現化していただきたいと考えたからです。ビジネスの世界では〝逆算思考〟という考え方があり、ゴールと期限を定め、そこから実現するための手順を洗い出し、実行していくそうですが、昇段審査にも、その考え方は重要だと感じています。

昇段審査は、その段位にふさわしい剣道を身につけていなければなりません。審査員の着眼点として有効打突は重点項目になることは間違いありませんが、その段位にふさわしい攻め方、打ち方、身のこなし方などを表現できなければ、いくら打突部位をとらえたとしても、なかなか評価されないのは周知の通りです。段位にふさわしい剣道とはなにか、そして、その剣道を身につけるにはどのような稽古に取り組めば良いのかを真剣に考え、学ぶ姿勢が大切です。漠然と稽古を続けていても上達が難しいのはそのためです。

「模倣も極まれば独創を生む」という教えがあるように学ぶことの第一は真似ることです。身近に自分が目標とする段位に合格した人がいれば、その人の基本稽古や剣道に対する考え方を吸収することは、自身の剣道にプラスになるはずです。まずは形から真似ていき、自分のものとして吸収していくのです。めざす段位が高くなると、求められるものも高くなります。そこで大事になるのがより多くの良い手本を見ることです。合同稽古会などへ積極的に参加し、たくさんの人と稽古をすることが大事になるのはそのためです。

自分の理想とする形がイメージできたら、あとは実践あるのみです。剣道は急に上達を実感できるものではありませんが、稽古なしに上達することはできません。自分を信じてコツコツと続けていきましょう。

昇段審査は、その段位にふさわしい剣道を身につけていなければならない

ただし、自分のイメージと実際が大きくかけ離れていることがあります。そこで大切になるのが指導者からの助言です。稽古回数を増やすことと同じくらい、教えを受ける機会をつくることを心掛けたいものです。「正師を得ざれば学ばざるに如かず」という教えがありますが、いまは謙虚に求める気持ちがあれば、教えを受ける機会は必ずつくれるはずです。

まずは稽古を続ける。その取り組みを評価してもらう。稽古内容を修正する。さらに稽古を続けるというサイクルをつくることを心掛けましょう。

構えは美しく、激しく、強く。実戦はかたちにこだわりすぎない

剣道には武術性・芸術性・競技性の三つの柱が必要であると本連載を通して紹介してきました。この要素を常に意識し、わたし

構えは美しく、激しく、強く。実戦はかたちにこだわりすぎない

は稽古を続けています。武術性の持つ激しさ、芸術性の持つ美しさ、そして競技性として相手より強いこと。この条件を意識して稽古をすることで、目には見えない気力が充実してきます。

　だれもが経験していると思いますが、かたちにこだわり、美しさを求めすぎると、激しさが消えてしまいます。昇段審査では構えを良く見せたいと思うあまり、内面からの気の充実が審査員に伝わってこないことが多々あります。審査員は立合を真横から見ていますので、棒立ちになってしまい、そのような構えは機会に応じて自由に技を出すことができません。

構えは胸椎と尾てい骨を伸ばし、頭で天井を支えるような気持ちで目線を一定にしてつま先、ひざで攻めることが大切で、これが「打つぞ、突くぞ」という勢いのある生きた構えになります。しかし、かたちにこだわりすぎると勢いがなくなり、相手に圧力がかからなくなります。

　正しく構えることは体の運用、素振り、切り返し、打ち込みなどの基本稽古で意識しても、指導稽古や互格稽古では、形よりも必死さを重視することで、相手にこちらの気が伝わるようになると考えています。

本番で会心の技を出すために緊張感をもった仕かけ技の稽古をする

　基本稽古や技の稽古でいわゆる気剣体一致の技を出すことはさほど難しいことではありません。約束動作のもと、元立ちが打突部位を打たせるので、掛かり手もリラックスした状態で技を出すことができます。しかし、互いにリラックスした状態で基本稽古ができていても、いざその相手と互格稽古を行なうと、とたんに硬くなってしまい、思うように技が出せなくなってしまいます。さらに試合・審査となると緊張感が極限となり、なにもできずに終わってしまうということも少なくありません。

　審査の際、踏み込む音と打突の音が一致しない、あるいは踏み込む音がまったくしないで竹刀の音だけが聞こえることがあります。このような打突は気剣体の一致がありません。全国審査をめざしている受審者ですから、普段の稽古ではもっとスムーズに技が出せているはずです。冴えと勢いのある打突が高段位の審査でもっとも重要ですので、日頃の稽古でその技を身につけるしかありません。それは攻撃の主体となる仕かけ技です。わたしは〝切れ味〟と〝瞬間的な速さ〟と表現しています。打突後は瞬時に体勢を整え、二の太刀、三の太刀が出せるような備えも求められます。

　このような打突は技を出すまでの過程を大事にした打ち込み稽古が必要不可欠です。実戦を想定しながら緻密に間合を詰めて技を出すようにします。

本番で通用する応じ技は、気の張った稽古の積み重ねでつくる

応じ技の稽古をする際、面に対する応じ技、小手に対する応じ技など約束動作で行なうことが大半です。この約束動作である技

技を出すまでの過程を大事にして“切れ味”と“瞬間的な速さ”を兼ね備えた仕かけ技を自分のものにする

の稽古を、実戦に則した緊張感をもった内容にするかが、ありきたりですがポイントになります。

昇段審査は試合とは違い、いつまでも相手が守りを固めて打ってこないということはありません。必ず技を出すときがあり、その大半が面です。その面を予想しての返し胴や抜き胴は「立合での気迫」「攻めて引き出した」などの雰囲気が感じられず、ただ技を出していると評価されがちです。

そのことを踏まえ、稽古では元立ちも一本を取るつもりで仕かけて打ち、掛かり手も攻め勝って引き出すことを意識して技を施さなければなりません。元立ちは、打突部位をめがけて打たなければ掛かり手は正確に応じることができません。しかし、初期の段階では相手が応じやすいように打突することも必要です。

昇段審査は、打つか打たれるのか切羽詰まった状況で技を出さなければ審査員は評価しません。本番で通用する応じ技をどのように身につけるのかを考える必要があります。

審査ではなにをさておき気迫あふれる攻めが大切です。応じ技の稽古をするときはとくに先の気迫で相手と対峙し、瞬時に打つことが大切です。苦しいですが気を抜かず、常に張りつめた状態をつくります。それが身体に仕事をさせるのです。先人が〝応じ技は反射で打て〟と教えているのはそのためだと思います。

応じ技の稽古をするときはとくに先の気迫で相手と対峙し、瞬時に打つことが大切

講義20

審査員はここを見ている

面紐や胴紐、手ぬぐいなど立合前に着装を確認する

平成12年に八段をいただき、それ以降、六段・七段・八段審査の審査員をさせていただいています。今回から2回にわたり、わたしの審査員としての着眼点を述べ、本企画のまとめとしたいと思います。

昨今、全国審査において着装に違和感がある受審者はほとんど見かけなくなりました。使い古した剣道着や袴、剣道具を身につけた受審者は皆無といっていいでしょう。ただ、あまりに新しいものを身につけていると身体に馴染んでいない印象を与えますので、注意が必要です。

剣道具を着けた姿というのは、全体として身体、ひいては構えに馴染んでいなければなりません。ぱっと見てどこにも目が留まらず、自然な様子を感じさせ、どことなく品格や強さが滲み出るような着装が理想です。

好みにもよると思いますが、剣道着については、フィット感を重視しているので、わたしは標準サイズより少し小さめのものを選んでいます。主観ですが、大きめの剣道着は少し動きがにぶく見えるように感じているからです。袴は折り目を大事に、硬い素材のものはある程度使い込み、生地を馴染ませます。

剣道具を着けた姿は身体に馴染んでいなければならない

立合に臨む前には必ず着装が乱れていないかを確認することが大切

一方、道具は身体が大きく見えるように着けます。垂れや面垂れを相手に対して折り曲げるのは、その表れです。胴は大きすぎると、構えが崩れますので、自分の体形に合ったものを選んでいます。甲手は竹刀の握りが直接手に感じられるものがよいと思いますが、薄すぎるものは怪我にもつながるので注意しています。着装の乱れは心の乱れにつながります。自分に合った剣道着、剣道具を用意しても、立合に臨む前には必ず着装が乱れていないかを確認することは大切です。稀ですが、面紐がバラバラになっていたり、手ぬぐいが後頭部からはみ出していたりする受審者がいます。これではせっかくの晴れの舞台に剣道具をそろえたのに台無しです。

新型コロナウイルス感染予防のため、受審者以外は会場に入れない状況が続いていますが、係員等にチェックをお願いすることは可能です。本番に臨むにあたり、心を静める意味でも着装を必ず確認することをすすめます。

構えは攻めるため、打突するためにある

審査員は受審者の立合を座って横から見ています。蹲踞から立ち上がり、互いに対峙したとき、最初に注目するのが構えです。〝構えに注目している〟と述べると、正しい構えを維持することばかりを考えてしまうでしょう。前号でも構えの要領は、胸椎と尾てい骨を伸ばし、頭で天井を支えるような気持ちで目線を一定にすること。この構えを維持することで、「打つぞ、突くぞ」という勢いのある生きた構えになることを紹介しました。

しかし、審査でかたちにこだわりすぎると生きた構えになりません。立合では相手に集中し、気がついたときには技が自然に出ていたという状態が理想です。構えは、構えのためではなく、攻めを鋭くするため、そして打突につなげるためにあるのです。うまくまとめようとすると、構えに勢いがなくなり、打突も鋭さに欠けたものとなってしまいます。

構えは無形の気構え、有形の身構えによって成立しています。立合において構えが充実していることが剣道の根幹であり、昇段審査では五分五分の均衡をどのように打開するかを審査員は見ています。気迫に欠けると、攻め合いに気の詰まりがなくなり、互いに良い技を出すことができません。

一般的に構えがしっかりしているということは、左手の握りが崩れずに納まっているということになりますが、そのことばかりにこだわると自由に技が出せません。なぜ構えが必要なのか、その原点を再確認してください。

構えは、構えのためではなく、攻めを鋭くするため、打突につなげるためにある

打たれても諦めない。審査員は打ったことを評価する

昇段審査は、その段位にふさわしい剣道を身につけているか否かを判断するものです。段位にふさわしい立合をし、有効打突を決めることができれば、合格に近づきます。一方、打たれたから即、不合格かというと、それは違うと思います。

審査は原則4人1組で行ない、審査員が合格と認めれば、そのグループから複数の合格者が生まれます。その際、有効打突を決めることもあれば、決められることもあります。

剣道には昔から「打って勝つな、勝って打て」という教えがあります。審査に臨むにあたって、何度も聞いたことがある教えだと思いますが、〝攻めて打て〟ということです。立合では初太刀、かなりの確率で面を打ちますが、むやみに面を出せば良いというのではなく、むしろ面を打ち出す前の攻め合いに意味があります。この手順を踏んだ理合のある一本を評価するのです。見事に打てたということは、打たれた相手も理合のある動きをしていたからであり、諦めずに気持ちを集中させて攻め続けることが大事です。〝攻める〟という行為は、自分では攻めたつもりでも、相手が反応しなければ攻めたことにはなりません。それが難しいところではありますが、一本の糸でつながった緊張感のある立合が必要であり、それには緊張感のある攻め合いが必要不可欠になります。攻めは常に流動的で、あらわれては一瞬で消える現象が繰り返されます。その中で気持ちのバランスが崩れたときが隙となります。恐懼疑惑の教えです。

日頃から遠間から攻め合い、中身のある攻め合いをしたいものです。遠間は生の間合、近間は死の間合、一足一刀の間合は生死の間合といわれています。一足一刀の間合は、打つか打たれるかの大事な間合です。もっとも打突の機会が生まれやすい間合ですので、稽古ではとくにこの間合を大切にします。

本番では打ちたい気持ちが先行するあまり、相手の打突部位に届かない間合から技を出してしまうことがあります。空振りは間合を理解していないという評価にもなりますので、打突部位を確実に捉えることができる間合で打ち切るようにすることが大切です。

昇段審査では手順を踏んだ理合のある一本が評価される

限られた時間でやり切る。自分が有利な展開で終わらせる

全国審査の立合時間は六段で約1分、七段で1分半、八段が2分です。この限られた時間で持てるすべての力を出さなければなりません。試合は勝敗を決するまでの延長戦がありますが、審査ではそうはいきません。無駄を省き、与えられた時間で自分を表現することが大事であり、どこで勝負をかけるかが重要になります。

そこで大事になるのが立合を想定した稽古です。例えば審査時間を三分割し、前半は相手を観察する時間、気力で圧する時間にあてます。慌てて技を出さないことです。前半、気力を充実させることができれば、相手は必ず手を出してきます。ここからが中盤です。出ばなに乗ることができれば最高です。気力が充実していれば相手の打突を見切ることができ、応じ技も出せます。有効打突を決めることができれば、相手は必死に挽回をしようと試みるはずです。ここで焦ることなく落ち着いて対処します。終盤は気持ちをさらに充実させて攻め上げます。

このような立合ができれば高い評価を得られることは間違いありません。しかし、審査本番は相手も並々ならぬ決意をもって臨んでいます。思い通りの展開にならないのが普通でしょう。予想と違う展開になると不安になり、迷ってしまうと自滅することになるので、たとえ不利な展開になっても集中力を切らさないことです。気持ちが切れると必ず審査員に伝わります。

また、よい技が出るとどうしても守りに入ってしまいがちです。消極的な姿勢は審査員に伝わりますので、さらに気持ちを充実させることが必要です。終盤に向けて尻上がりに盛り上がる立合をすることが大切であり、それができれば見応えのある立合になります。

終盤に向けて尻上がりに盛り上がる立合をすることが大切

講義21

市民剣士は徹底して仕かけ技を磨くこと

審査で評価される一本は基準が極めて高くなる

昇段審査は限られた時間で、同格の相手と立ち合います。その時間は、おおむね八段審査で2分、七段審査1分半、六段審査1分です。その中で相手よりも目立たなければならず、そこに難しさがあります。しかも八段審査は一次審査を通過した受審者で、さらに二次審査が行なわれます。その厳しさは毎回の合格率が証明しています。

めざす段位が高くなるほど、求められる剣道の質は高くなる

昇段審査で高い評価を受けるには、その段位にふさわしい剣道を身につけていなければなりません。審査合格をめざして日々稽古をされている方は、着装や礼法、構え、攻防など、その着眼点を意識しながら稽古に取り組んでおられると思いますが、これらが集約されたものが有効打突となって表現されると考えています。しかも、有効打突の基準が極めて高くなり、もっとわかりやすく言うならば、通常の試合では旗が上がるような技でも審査では評価されないということが往々にしてあります。

審査では機会を捉えて打つことが大事であり、その極上の機会が出ばなです。出ばな技は先をかけて相手を引き出して打つことができれば見事な一本になります。しかし先をかけることなく、相手の打突を待って打ったような技は評価されにくいものです。打突を発する前に先をかけて相手を攻め、崩して打つことが求められます。これが〝当てる〟と〝打つ〟の違いであり、審査で認められる一本の絶対条件であると考えています。

この一本を出すために日頃の稽古が重要になります。

審査終了後、「相手を打ったのに合格できなかった」という嘆きの声を多々聞きますが、このように感じたときは、自分の剣道を見つめ直す必要があります。いまは自分の姿を簡単に録画することができます。構え、技を出すまでの攻め方、打ち方などを細かく確認することが必要です。

いまは新型コロナウイルス感染・拡大の影響で、合格した受審者がどのような打突を発したのかを会場で確認することができません。よって重要になるのが、日頃の稽古で審査員クラスの指導者に評価をしてもらうことです。

以前も紹介しましたが、できていると思ってできていないのが剣道です。めざす段位が高くなればなるほど、求められる剣道の質は高くなるので、どのような剣道を身につければよいのかを、自分で確認し、それに向かって努力することが大切です。

本番で通用する仕かけ技を身につけることを繰り返す

仕事を持ちながら余暇として剣道に取り組む、いわゆる市民剣士といわれる愛好家の方々は、1回の稽古で充分な時間を割くことはできません。よって限られた時間の中で、剣道に取り組むことで、自分のめざす剣道を身につけることが大切になります。

わたしは現在、中高年を中心とする愛好家の方々と稽古をする機会をいただいています。そのなか素振り、打ち込みなど基本稽古を必ず行なうようにしていますが、時間に限りがありますので、徹底して仕かけ技の面を身につけてもらう内容を設定しています。

剣道は面・小手・胴・突きの4つの打突部位がありますが、もっとも重要となるのが以前から何度も紹介している、打ち間に入ったら左足を継がずに一拍子で面を打つことです。この面技を実戦で使えるようになれば、相手にとって脅威となります。その面を身につけるべく、以下、6種類の面打ちを稽古しています。

1、自由な面打ち

2、一足一刀の間合から左足を継がずに一拍子の基本の面打ち

3、一足一刀の間合から左足を継がずに小さく鋭い一拍子の面打ち

4、竹刀が触れない間合から一歩打ち間に入って小さく鋭い面打ち

5、竹刀が触れない間合から表を押さえながら打ち間に入って小さく鋭い面打ち

6、剣先を下げながら打ち間に入って小さく鋭い面打ち

各項目を3本交替で行なっていますが、最初の自由な面打ちとは、参加者の方々が普段の稽古で行なっているものを打つということです。その後、左足を継がずに打つことを稽古しますが、自由に打つことの易しさ、制約があるなかでの難しさを知ってもらいたいからです。

実戦で剣先を下げながら間合を詰めたり、表を押さえたりして打つことはあまりないかもしれませんが、ただまっすぐ打つことを繰り返していただけでは、同格の相手を攻略することはできません。技を出すまでの過程を工夫・研究することで、技の幅が広がっていきます。

試合や審査でもっとも見栄えがするのは面技です。めざす段位が高くなるほど、質の高さを求めなければなりませんので、互いに確認をしながら緊張感をもって行ないます。技に優劣はありませんが、面に比べると小手・胴・突きは姿勢が崩れやすくなります。姿勢が崩れた打ちは見栄えがしませんので、まずは面技で打ち切った一本を身につけます。

面に比べると小手・胴・突きは姿勢が崩れやすい。姿勢が崩れた打突は見栄えがしないので、まずは面技で打ち切った一本を身につけたい

出ばなを打つ機会は、先の気位から生じる

仕かけ技の稽古を約6種類行なったあと、出ばな技の稽古をします。「打つぞ」という気持ちで間合を詰め、そこで我慢をします。相手を引き出す気持ちで溜めをつくります。相手が打とうとした瞬間に技を出します。出ばな面を3本交替で行ないます。

出ばなをとらえるためには迷わず最短距離で打たなければなりません。竹刀の振り幅は小さく鋭くなりますが、手の内の作用で打突に冴えをつくります。

出ばなをとらえる要領はいくつかありますが、掛かり手がしっかりと間合を詰めて攻め、溜めて打つことを意識させるようにしています。繰り返しになりますが、出ばな技は相手を引き出さなければならず、待って打っても成功しないのは周知の通りです。約束稽古ですので、最終的には元立ちが面を打つことはわかっています。その動作の中で互いに本番を想定した緊張感をつくることが大事になります。

その後、指導・互格稽古に移行しますが、事前に稽古した仕かけ技、出ばな技を狙うことを目標にします。足が止まると居つくので、リズミカルに動き、色なく、無理なく技を出すことを心がけます。

「打つぞ」という気持ちで間合を詰めて我慢をする。溜めて相手を引き出し、出ばなを打つ

師に習い、友に習い、稽古環境を整備することを怠らない

剣道を続ける目的は、昇段審査がすべてではありませんが、剣道愛好家にとって大きな目標になっていることは間違いないと思います。剣道を続ける理由は、健康増進、余暇の善用など十人十色ですが、続けるからにはより向上したいと考えるのが普通です。その客観的な指針になるのが昇段審査です。

わたしは剣道専門家として46歳で八段に合格することを目標にしていました。ところが人事異動で熊本市内から約100キロ離れた郡部の警察署勤務となり、稽古環境が大きく変わりました。ほぼ毎日稽古ができていたのが、剣道具を着ける稽古は週2回から3回のみ。剣道特練員時代は1日4回、稽古をすることもありましたので、この環境変化は、色々と考える契機となりました。

一般愛好家の方々は毎日稽古ができる環境ではないと思いますが、それゆえ一定の稽古量を確保するための工夫が大事です。例えば週2回、必ず稽古ができる場所を確保していたとしても、どちらかの日が仕事などで稽古ができないときは週1回しか稽古ができなくなります。これでは満足な稽古量が確保できませんので、毎日どこかで稽古ができる環境を整備する努力が必要です。わたしは八段をめざした郡部勤務時代、週3回の稽古環境をつくることしかできませんでしたが、なにもしなければ週1回の稽古しかできませんでした。

また稽古環境を整備するとともに重要となるのは身体の管理です。体重が増えると自分の剣道が変わってしまうことはもちろんのこと大きな怪我にもつながります。怪我をすれば長期間、稽古ができなくなります。わたしは今でも体重と食事には気を配るようにしています。

稽古環境を整備し、自己管理をした上で重要になるのは良い指導者、良い仲間を持つことです。剣道は一人ではできません。良き指導者に習い、同じ志を持った仲間と切磋琢磨することで伸びていくことは周知の通りです。

コロナ禍で中断を余儀なくされた合同稽古会も再開しています。自分の心がけ次第で色々な先生にお願いできる機会も復活してきました。

学生時代と違い、一般愛好家の方々は稽古をすることは義務ではありません。「仕事が忙しい」「家庭の事情」など稽古ができない理由はいくらでもつくることはできますが、せっかく続けている剣道です。中断することなく、しっかりとした目標を立て、コツコツと続けていくことが、自身の技術的な向上はもちろん、人間的な成長にもつながると信じ、わたくしも取り組んでいます。

好きな剣道を続けるには稽古環境を整備し、自己管理をした上で良い指導者、良い仲間を持つことが大切

あとがきに代えて

優勝と準優勝の明暗

人は誰でも、優勝を逃したとしても、準優勝すれば、あるいは三位になればいいじゃないかとよく言うし、私も現実にそういう言葉を耳にしますし、使うこともしばしばあります。

私個人としては、運よく優勝に恵まれた時もありましたが、過去においても準優勝止まりのことも多く、指導していた母校九州学院が全国大会で優勝を逃したときも、皆さんから「準優勝したのだから…」という言葉を慰めの意味でかけられ、中には「おめでとう」といってくれる人もいました。

この二つの表現の違いは、どこからくるのかと、ふと考えることがあります。それは皆さんの思いやりであり、励ましの気持ちに違いないのですが、その言葉の中に全く違う意味があるような気がするのです。言う側の、相手に対する評価の違いもあると思いますが、その言葉をかけられる側の気持ち、すなわち自分の剣道の評価の仕方によって、感じ方が違うのではないでしょうか。自分を高いレベルにおくか、それとも低いレベルにおくかによって、結果として喜んだり、悔しかったりするのではないでしょうか。私としては、常に悔しがる立場にいたいと考えています。

優勝と準優勝の「明暗」を、優勝と準優勝の「違い」に置き換えるならば言うまでもなく、「天と地」の差があります。賞品、新聞の活字、数年後の人々の記憶など、挙げればきりがありません。優勝者の背中を見て、表彰式に臨むのは、大変悔しいものです。

それでは、優勝の部分「明」になるためには、どうしたら良いのでしょうか。それこそ一生懸命に努力する以外にないような気がしますが、運よく優勝した時のことを考えると、一番大切なことは、自分自身の気の持ち方にあるように感じます。

努力することによって自信をつけた心、試合当日における、絶対に勝つという強い心を持つことが重要です。

私は特練員時代等も含め、試合当日、合間をみてサブ道場をぐるぐる回りながら、「この世の中で一番強いのは俺だ！俺に勝てるものはいない！」と心の中でつぶやきながら気持ちを高める方法をとっていました。

さらに不思議と優勝した試合当日の朝などは、今日は優勝するのでは…と思うことがよくありました。それは自分自身の知恵であり、あるいは願望として自分に言い聞かせているのかもしれません。よって、心を強く、あるいは高める方法等について、以下述べてみたいと思う。

心の問題点

心の問題点は大抵の場合、競技成績にマイナスに作用するものばかりです。剣道の試合における心の問題をあげると、次のようになる。

(1) 勝ち負けを意識しすぎる
(2) 自分の出番が近づくにつれて、気分が落ち着かなくなる
(3) 負けるのではないかと不安になる
(4) 気後れする
(5) 周囲に気が散って、プレイに集中できない
(6) 上がってしまう
(7) 勝ちを急いでしまう
(8) 油断してしまう
(9) 慎重になり過ぎて、技が委縮し、消極的になってしまう
(10) 相手にリードされると、焦ってしまう
(11) 自分の技に自信がもてなくなる
(12) 集中力がダウンし、気が抜けてしまう
(13) プレイの最中に、技や作戦についてあれこれと考え過ぎる
(14) 試合の前日は緊張して良く眠れない
(15) 大会が近づくと、体調を崩しやすい

具体的解決案

(1) 大会に向けての気持ち、心構え、目標をしっかり作る
(2) 練習の強化により、技術のレベルアップを図る（得意技を更に磨くこと、不得意と弱点を出来るだけ補い、改める。それを、本番を想定しながら反復練習をし、自分のものにする）
(3) 作戦を練り、最後の作戦のツメを行う

予想される対戦相手の戦力（得意技・弱点）を分析した上で、その相手を想定した練習を行う。この際留意せねばならないことは、相手の戦力を軽く見ないことである。可能な限り多くのデータを集め、ありとあらゆる角度から総合的に、手抜かりなく分析する。勝負はここから始まり、場合によってはこの段階で勝敗がついてしまうことがある。

(4) 練習の総仕上げをやる

大会直前の調整としては、疲労を大会に持ち込まない配慮が大切である。

(5) 会場の特徴を知る

会場全体の様子、雰囲気をはじめ、コートや床の状態（滑り具合、弾力性、危険性など）、照明、風向き、気温、湿度等をチェックし、状況に応じたプレイや、技の運用、作戦を考える手掛かりとする。

(6) 自分のコンディションを知る

大会当日の身体の調子を冷静にきちんと捉え、良くなければ、気持ちの上で、技の運用の点でも工夫、対処することが大切である。コンディションの自己把握が困難な場合は、監督、コーチの助言に従って対処することが必要である。

(7) 相手の癖・意図を見抜く

多くの場合、試合前に対戦相手、チームの特徴について情報を詳しく分析し理解しているはずであるが、それはあくまでも過去のものであるから、新たに当日の特徴を知る必要がある。

相手を知るチャンスには、次のような場合が考えられる。先ずは、対戦相手がウォーミングアップをしている場面が、じかに知る最初のチャンスである。

次に、実際に対戦が始まってからのチャンスである。実際に対戦する前の理解は、言わばデッサン的なレベルの理解である。試合中の理解や読みは、言わば仕上げの段階の理解である。この段階では、相手の意図や読み違い、見落としは許されない。それは敗戦につながるからである。

(8) 審判員の癖を知る

「審判員のせいで負けた」という敗者の弁をよく聞く。審判員の個人差や、いわゆる判定ミスは不満の種であるが、やむを得ない事実でもある。それだけに、審判員の判定上の癖を知ることも、大切な条件の一つになっている。負けてから、審判員のせいにしても、後の祭りである。そうならないためにも、事前に審判員の顔ぶれとその傾向・癖等を把握しておき、それを考慮した試合展開をし、自分に有利に運ぶように心掛けることである。

(9) 試合中の心のもち方

前にも述べたが、勝負の世界では、この「心」というものが一番重要だと思う。私たちは試合において「勝った」「負けた」と一喜一憂するけれど、それを分析した時、心の動揺が大きくウェイトを占めているのは事実である。

ア 勝つという心

人間は弱いもので負けたらどうしよう、あるいは簡単に一本取られたらどうしよう等、常に悪い状況を想像しがちである。私が勝った時の状況を思い出してみると、この後ろ向きな思考はなく、常に心が前を向いているような気がする。色々な自分自身のパフォーマンスをやることによって、この前向きな心を奮い立たせることが大切である。

イ 自分が一番強いという心

負けた試合は必ずと言っていい程、試合前から心で負けているような気がする。確かに世の中には、自分より実力のある人は沢山といるけれど、心は「自分が一番強い」ということを頭に入れておくことがポイントではないだろうか。

ウ 常に冷静であること

緊張のあまり、その試合に集中できていない選手達を見かけることがよくある。練習試合では絶対に負けないのに、本番では必ず負けるという言葉をよく耳にする。これは上がりであり、冷静さをなくしてしまっている状態ではないだろうか。私は、監督、観客、相手の顔等、まるっきり見えていない選手に対しては、かつて自分が上がってしまい、何も見えなくなった時のこと、あるいはわざとこの会場の天井まで上がるくらい緊張しろ等　話しかけて、冷静さを取り戻させるようにしている。

エ　頭を使う

相手の出す技、得意技、相手側のベンチの雰囲気、自分側のベンチの雰囲気等、常に頭を使って読むことが重要である。

オ　集中する

砂の上でジャンプをするが如く、次の試合や決勝戦のこと、あるいは人の目を意識してしまい、試合に集中できず負けることがある。必要以外のことは考えず、勝つためにその試合に集中することが重要である。

カ　執念を燃やす

一本先に取られたら、あるいはもう時間がないからと、諦めることがよくある。粘りと根性で勝利に対する執念を燃やし、最後まで力を出し切ることが重要である。

⑽　運やツキを味方にする

このことは多くの人がよく言うが、どのようにしたら「運」や「ツキ」というものを味方に出来るのだろうか。それは、常日頃から一生懸命に稽古をし、正直かつ真面目な態度で生活することによって、多くの人々の心をつかむことが出来、ひいてはそれが運やツキを呼び込むことになるのだと思う。自分一人の力というものは知れたもので、この世の中は絶対一人では生きていけないものである。そこで大切になってくるのが、人間関係ではないだろうか。親、兄弟、先生、先輩、同僚、後輩等を信頼し尊敬することが、運やツキを呼び、ひいては勝利につながるのだと思う。

⑾　精神主義や根性論に頼り過ぎない

「やる気」「根性」の有無は、スポーツの上達の過程や、勝負の結果にかなりの影響を与えるものである。確かに「やる気」「根性」だけでもそれなりに成果をあげることは出来るが、精神面ばかりを強調し、科学的態度を欠いてしまっては、真の成果を期待することはできない。

昨今、欧米のスポーツ先進諸国では、スポーツの科学的研究が盛んで、筋力トレーニング、スポーツ栄養学、スポーツ医学、メンタルトレーニングなどの形で多くの種目で積極的に取り組まれている。

我が国のスポーツ界は、改善されてきたとはいえ、未だに精神主義や根性論が根強く残っていることが多いように思われる。

とにかく、スポーツの科学化が一段と進みつつある今日、精神主義、根性論には限りがあることを認識すべきである。

しかし、合理性や科学性を重視するあまり、やる気、根性を軽視するのも問題である。「科学的トレーニング」という美名のもとに、辛い練習を嫌がったり、忍耐力を軽視したのでは、ここ一番の大事な場面で踏ん張りがきかず、勝利を逃がしてしまう場合が多くなる。本来、必要なものを手抜きすることは合理的とは言えない。

また、技術向上の過程を「生まれつきの能力」、「素質」とする考え方があるが、確実なものと断定はできない。人間の能力、素質というものは初めから簡単に判るものではなく、これらは本人の努力した結果、判明するものである。

従って、上達の過程を素質のせいにする考え方は、素質主義ないし、素質信仰というべきもので、非科学的な宿命論である。決して前向き、生産的ではない。

伸び悩みや、成績不振の原因を十分に検討せず、安易に素質のせいにするのは、努力、研鑽を放棄する態度にすぎない。そもそも、自己の能力の限界まで達し得た人などそんなにはいないはずである。

また、「大器晩成」という言葉があるが、相撲界で名力士と言われた人の多くは、大器晩成型であったと言われる。素質もさることながら、それに劣らず実りある稽古の積み重ねが大切であることを示している。

明暗の「明」になる

優勝しても「あいつの剣道は勝つためだけの剣道であり、基礎稽古がなっていない」、あるいは「美しさがない」等の言葉を耳にすることがあります。せっかく勝利を得たとしても評価のない剣道では、価値が低いものになってしまいます。やはり芸術性・武術性・競技性があってこそ、本当の剣道ではないでしょうか。

基本の構えから継ぎ足をせず、上体を腰に乗せて打突をし、そのままの体勢、姿勢ですり足を行い、相手との間合を切る。いわゆる一拍子の打ち、相打ち、相抜け、切り落としです。これが美しい剣道につながります。これを説明するのは簡単ですが、実践しようとすると簡単にはできません。だからこそ、何も知らない白紙の状態の子どもたちに、正しい剣道を教えることが、いかに重要であるか理解できるのではないでしょうか。

白紙にはどんな色を付けることもできます。我々指導者の責任は重大であり、正しい剣道を身につけさせることは努めでもあります。私自身も評価を得るような美しい剣道を目指してこれからも修行につとめていきたいと考えています。

※

本書は、月刊『剣道時代』連載「昇段審査との向き合い方」を加筆・修正して1冊にまとめたものです。平成26年に熊本県警察を退職してから、一般愛好家と稽古をともにする機会が増えました。仕事の合間を縫って稽古に取り組む方々の姿勢は感服することばかりで、私がこれまで身につけてきた剣道を少しでもお伝えできればと考え、稽古を続けてきました。彼らの目標の一つは昇段審査合格です。合格に向けては稽古を続けるしかありませんが、

あとがきに代えて

剣道の昇段審査にも対策は必要であり、日頃指導していることを誌面で紹介して参りました。

むすびに本書を上梓するにあたっては多くの方々のご協力やご助言をいただきました。特に、剣道時代編集長の小林伸郎氏、撮影を担当していただいた西口邦彦カメラマン、杉能信介カメラマンには特段の感謝を申し上げます。

令和6年4月吉日　亀井徹

亀井　徹
かめい・とおる／昭和29年熊本県生まれ。九州学院高校から明治大学に進み、卒業後、熊本県警察に奉職する。熊本県警察首席師範を最後に退職。主な実績として全日本選手権大会２位、世界剣道選手権大会出場、全日本都道府県対抗大会出場、全日本東西対抗出場、全国警察大会一部優勝、国体優勝、全日本選抜八段優勝大会２位３位、剣豪「丸目蔵人」顕彰全日本選抜剣道七段選手権大会優勝２回、岩手県知事杯剣道七段大会３連覇などがある。全日本剣道連盟参与、熊本県剣道連盟審議員、元全日本剣道連盟強化担当常任理事。剣道範士八段。

初出
本書に収録した内容は雑誌『剣道時代』2021年7月号から2023年5月号まで掲載された連載『昇段審査との向き合い方』に加筆修正を加えたものです。
「あとがきに代えて」は警察大学校術科養成課時代に執筆した論文『優勝・準優勝の明暗』に加筆修正を加えました。

剣道昇段審査対策《けんどうしょうだんしんさたいさく》21講《こう》

発　行――令和６年７月１日　第１版第１刷発行
著　者――亀井　徹
発行者――手塚栄司
組　版――株式会社石山組版所
撮　影――西口邦彦
編　集――株式会社小林事務所
発行所――株式会社体育とスポーツ出版社
〒135-0016 東京都江東区東陽2-2-20 3階
TEL 03-6660-3131
FAX 03-6660-3132
http://www.hp-taiiku-sports@thinkgroup.co.jp
印刷所――図書印刷株式会社

ISBN978-4-88458-448-1 C3075 Printed in Japan